Q&A
웨스트민스터 소요리문답

 생명의말씀사 2022

2022년 12월 30일 1판 1쇄 발행
2025년 2월 27일   2쇄 발행

펴낸이 | 김창영
펴낸곳 | 생명의말씀사

등록 | 1962. 1. 10. No.300-1962-1
주소 | 서울시 종로구 경희궁1길 6 (03176)
전화 | 02)738-6555(본사) · 02)3159-7979(영업)
팩스 | 02)739-3824(본사) · 080-022-8585(영업)

지은이 | 김홍만

기획편집 | 정설아, 장주연
디자인 | 조현진
인쇄 | 영진문원
제본 | 다온바인텍

ISBN 978-89-04-02099-7 (03230)

저작권자의 허락 없이 이 책의 일부 또는 전체를
무단 복제, 전재, 발췌하면 저작권법에 의해 처벌을 받습니다.

Q&A
웨스트민스터 소요리문답

질문과 답으로 풀어 놓은
소요리문답 교리 해설서

김홍만 지음

목차

서문 소요리문답서를 대요리문답서 수준으로 보완한 효과적인 교리 해설서　　6

1장	**질문 1** 인생의 목적 : 하나님을 예배하는 것	9
2장	**질문 2-3** 하나님을 아는 방법 : 성경	13
3장	**질문 4-12** 하나님을 아는 지식	19
4장	**질문 13-19** 인간을 아는 지식	37
5장	**질문 20-28** 그리스도를 아는 지식	55
6장	**질문 29-38** 성령의 구속의 적용	75
7장	**질문 39-85** 신자의 행동의 규칙으로서의 도덕법	97
8장	**질문 86-87** 구원의 표시로서의 믿음과 회개	197
9장	**질문 88-107** 은혜의 수단 : 말씀, 성례, 기도	213

서문

소요리문답서를 대요리문답서 수준으로 보완한
효과적인 교리 해설서

청교도들의 교회 개혁의 정점에 작성된 문서가 웨스트민스터 표준문서(교회 정치와 예배 모범, 신앙고백서, 대요리문답, 소요리문답)다. 표준문서 가운데 하나인 웨스트민스터 소요리문답서는 대요리문답서를 요약한 문서다. 대요리문답서는 그 분량이 소요리문답서에 비해 월등히 많고, 내용에 있어서는 자세하다. 일반적으로 교회에서는 대요리문답서로 교리를 잘 가르치지 않는다. 분량으로 인하여 시간이 많이 걸리기 때문이다. 따라서 대부분의 교회들은 소요리문답서를 가르친다. 그런데 소요리문답서는 가정에서 자녀들을 가르치기 위한 목적으로 구성되었기 때문에 보다 깊은 내용을 위해서는 대요리문답서를 참조해야 한다.

본서는 소요리문답서의 간략함을 극복하기 위해서 소요리문답서를 대요리문답서의 수준으로 보완하여 설명했다. 쉽게 말하면, 소요리문답서와 대요리문답서 중간 정도의 수준으로 교리를 설명했다. 필자는 『52주 스터디 웨스트민스터 소요리문답』을 이미 출판한 바 있지만, 교리를 보다 높은 수준으로 가르치고자 하는 목회자들의 요청에 따라서 본서를 집필했다. 따라서 본서와 이미 출판된 필자의 교리문답서를 가지고 성도들의 영적 수준에 맞추어 사용한다면 성도들의 신앙 체계를 세우는 데 효과를 거두리라 확신한다.

한국청교도연구소 소장, Southwestern Reformed Seminary 교수
김홍만 목사(Ph.D.)

1장

질문 1
인생의 목적 : 하나님을 예배하는 것

> **질문 1.** 인간의 주된 목적은 무엇입니까?
>
> **답** | 인간의 주된 목적은 하나님을 영화롭게 하고, 하나님으로 영원토록 즐거워하는 것입니다.

1. 인간의 가장 주된 목적은 무엇입니까?

하나님을 영화롭게 하는 것이다. 하나님을 영화롭게 하는 것은 하나님이 하신 일과 하나님의 이름을 찬양하고 하나님께 영광을 돌리는 것이다(대상 16:28-29). 하나님이 사람을 창조하시고 또한 중생하게 하여 구속하시는 목적이 하나님을 영화롭게 하기 위한 것이기 때문이다(고후

5:15-17). 따라서 신자는 모든 일에 하나님을 인정하고 감사해야 한다(고전 3:21-23).

2. 사람에게 가장 행복한 것은 무엇입니까?

하나님의 이름을 기억하면서, 즐거워하며 기뻐하는 것이다(사 26:8). 그러나 아담이 죄를 지어서 하나님과의 즐거운 교제가 깨졌다. 따라서 그리스도를 믿음으로(요 1:16) 그리스도께 연합되어서 하나님과의 교제를 가질 수 있다(롬 5:18-19). 신자는 외적으로 개인적 예배와 공예배는 물론이거니와 성경을 읽고 묵상하며 기도하는 방법을 통해서 하나님과 교제하는 즐거움을 가질 수 있다.

3. 하나님을 영화롭게 하는 것과 하나님으로 즐거워하는 것은 어떤 관계를 가지고 있습니까?

하나님의 주권적인 은혜와 성령의 역사로 그리스도를 믿게 하는 것으로부터 하나님을 영화롭게 하고 하나님으로 즐거워하는 것이 나온다(엡 2:8; 요 16:6). 우리 자신을 목적으로 하고 개인의 즐거움을 추구한다면 하나님이 우리를 창조하시고 구속하신 목적에서 벗어나는 것이다. 그리스도 안에서 영생을 가진 자는 자신의 목적을 추구하지 않는다(딛 1:2). 더욱이 하나님을 영화롭게 하는 것과 즐거워하는 것은 영원하신 하나님이기 때문에 영원한 것이다(시 48:14).

4. 하나님을 영화롭게 하고 하나님으로 즐거워하기 위해서 우리 자신에게 지식이 충분합니까?

인간이 타락한 이후 이성과 이해력이 어둡게 되어 하나님을 영화롭게 하기 위한 지식이 없다. 인간은 어리석음과 무지에 빠졌다(욥 11:12). 따라서 하나님이 자신의 뜻을 계시하셨다(롬 12:2). 특별히 하나님은 자신이 인간을 만든 목적이 회복되는 방법을 신구약 말씀에 계시하셨다(요 5:39).

질문 2-3

하나님을 아는 방법 : 성경

> 질문 2. 우리가 하나님을 영화롭게 하고, 하나님을 즐거워하기 위해서 하나님이 우리에게 주신 규칙은 무엇입니까?
>
> 답 | 구약성경과 신약성경 안에 있는 하나님의 말씀은 우리가 하나님을 영화롭게 하고, 하나님을 즐거워하기 위한 방법을 가르쳐 주는 유일한 규칙입니다.

1. 신구약성경이 어떻게 하나님의 말씀인 것을 알 수 있습니까?

성경에서 하나님이 말씀하신 것을 분명하게 드러내고 있기 때문이다(사 43:12; 요 7:46). 성경은 하나님의 위엄과 영광과 거룩함, 생명, 빛을 비추고 있기 때문이다(시 19:7). 성경은 성령에 의해 기록되었는데(벧후 1:21),

성령이 영적인 이해력을 주셔서 이해하게 된다(요 16:13-14). 성령은 성경을 가지고 사람들의 마음에 증거하시고 성경이 하나님의 말씀이라는 것을 알게 하신다(요일 2:27).

2. 성경이 하나님을 영화롭게 하고, 하나님을 즐거워하는 유일한 규칙인 이유는 무엇입니까?

성경의 저자가 하나님이시며, 죄로 인하여 타락한 인류에게 하나님을 영화롭게 하는 방법을 보여 주고 있기 때문이다(미 6:6-9; 마 11:25-28). 더욱이 자연의 빛을 가지고는 구속주이신 그리스도를 알 수 없기 때문에 반드시 성경이 필요하다(고전 2:14). 물론 인간이 성경 외에 다른 방법으로 하나님을 찾지만 그것은 우상 숭배가 되기 때문에 반드시 성경이 필요하다(눅 16:29, 31; 사 8:20; 행 4:12). 성경은 구원을 위해 반드시 알아야 할 것과 믿어야 할 내용을 분명하게 보여 주기 때문에 필요하다(시 119:105, 130).

질문 3. 성경은 무엇을 주로 가르칩니까?

답 | 성경은 사람이 하나님에 대해서 믿는 것과 하나님이 인간에게 요구하시는 의무에 대해서 주로 가르치고 있습니다.

1. 성경은 하나님에 대해서 무엇을 가르칩니까?

성경은 이 세상에서 하나님에 대해 말하고 있는 유일한 책이다(요 3:3). 성경을 읽음으로 하나님을 아는 지식을 얻을 수 있다. 성경을 통해서 하나님은 의로우시며 자비하시고 선하신 분이라는 것을 알 수 있다. 하나님을 아는 지식을 얻게 되면 하나님을 찾아서 예배하고자 하는 열망이 일어나게 되어 있다(왕상 8:41-42).

2. 성경은 구원의 방법에 대해서 어떻게 가르칩니까?

성경은 하나님을 아는 지식을 제공하고 있으며, 인간은 하나님을 아는 지식을 얻게 되면 자신이 죄인이라는 사실을 알게 되어 있다. 자신이 죄인임을 깨달은 자는 구원의 방법을 찾기 위해서 성경을 궁구하게 되어 있다(행 17:11). 왜냐하면 성경은 하나님이 죄인을 구원하시는 방법을 계시하고 있기 때문이다(고후 7:12-13).

3. 성경은 하나님의 백성의 의무에 대해서 어떻게 가르치고 있습니까?

성경은 믿음의 원리에 대해서 계시하고 있으며, 믿음이 발생되었다면 반드시 의무에 대한 순종이 있다고 말한다(딛 3:8). 따라서 성경에 계시된 계명과 하나님의 뜻에 순종하려고 애를 쓰게 되어 있으며, 하나님에 대한 사랑과 구원에 대한 감사로 계명을 지키려고 수고하게 된다(출 20:2; 요일 5:1-3). 물론 거듭나지 않은 사람들은 계명을 지켜서 구원을 이루려고 하는데, 그들은 자신의 영적 무능을 모르는 상태다. 자연적인 힘과 능력으로 계명을 온전하게 지킬 수 없으며, 또한 구원을 이룰 수 없다(롬 3:19).

4. 우리가 가장 첫 번째로 믿어야 할 진리는 무엇입니까?

하나님이 계시다는 것이다(히 9:6). 이것은 자연적 이성으로 알 수 있는 것이다(롬 1:20). 모든 인류는 창조와 하나님의 섭리 안에서 하나님이 계시다는 것을 알 수 있다(시 100:3; 히 1:3). 하나님은 모든 것을 만드시고, 또한 그것을 붙들고 계신다. 어떤 인생도 자신을 모태에서 지을 수 없으며(시 139:15-16) 자기 머리카락의 색깔조차도 정할 수 없다(마 6:27). 하나님의 창조와 섭리를 통해서 하나님이 계시다는 것을 알 수 있다.

5. 성경의 진리를 통해서 하나님에 대해 무엇을 알 수 있습니까?

성경의 진리를 통해서 그리고 성령의 역사에 의하여 영혼은 하나님에 대한 지식과 하나님의 완전함에 대해 알 수 있다(요 5:39; 벧후 1:19; 롬 15:4). 하나님에 대한 지식은 구속주 하나님이신 그리스도를 포함하고 있다(요 1:18). 창조주 하나님은 자연을 통해서 어느 정도 알 수 있지만, 구속주 하나님은 오직 성경을 통해서만 알 수 있다.

6. 하나님은 성경에서 자신에 대해 어떻게 설명하셨습니까?

하나님은 빛이시며(요일 1:5), 사랑이시며(요일 4:8, 16), 영이시다(요 4:24). 하나님이 빛이시라는 것은 무한한 순수성과 모든 것을 아시는 것(全知)을 뜻하며(합 1:13; 히 4:13), 사랑이시라는 것은 구원을 위해 그리스도를 기꺼이 내어 주신 데서 드러난 것이다(요 3:16). 영이시라는 것은 육체적 몸을 가지고 있지 않으시며 살아 계신 지적 존재이심을 나타내는 것이다(눅 24:39). 따라서 하나님에 대해 형상을 만들어 환상적으로 표현할 수 없으며(신 4:12, 15) 하나님에 대한 (구원의) 지식 안에서 예배해야 한다(렘 24:7).

3장

질문 4-12

하나님을 아는 지식

> **질문 4. 하나님은 어떤 분이십니까?**
>
> 답 | 하나님은 영이시며, 무한하시고, 영원하시며, 불변하시며, 존재하고 계시며, 그분의 존재 안에 지혜와 능력과 거룩하심, 공의, 선하심과 진리가 있습니다.

1. 하나님의 속성에는 무엇이 있습니까?

하나님은 절대적으로 제한을 받지 않으시며, 무한하시며, 존재에 있어서 완전하시다(욥 11:7-9). 하나님은 영원하신데, 시작과 끝이 없이 항상 존재하는 분이시다(시 90:2). 하나님은 불변성을 가지고 계신다. 하나님은 약속의 성취에 신실하시며(미 7:20) 시작하신 일을 마치기까지 신실하시다(빌 1:6). 하나님은 영광스러운 초월적인 존재이시기에 하나님 자신 외에는 누구도 하나님을 완전하게 알 수 없다. 하나님은 완전한 지식을 가지고 계시며 모든 피조물에 대한 지식을 갖고 계신다(시 139:2; 마 10:29-30). 하나님의 능력은 모든 피조물을 붙드시며 유지하시는 것에서 나타난다(마 10:29-31). 하나님의 거룩하심은 하나님의 존재에 필수적인 것으로서 인간은 중생의 은혜로 이것에 참여한다(벧후 1:4). 하나님의 의로우심은 불의와 죄에 대해 심판하시는 것이다(겔 18:4). 하나님의 선하심은 특별히 택하신 죄인들에게 구원의 은혜를 베푸시는 것에서 나타난다(계 5:9). 하나님의 신실하심은 약속을 끝까지 이행하시는 것에서 알 수 있다.

질문 5. 하나님은 한 분 외에 또 다른 하나님들이 계십니까?

답 | 오직 한 분이시며, 살아 계시며, 참되신 하나님이십니다.

---

1. 오직 하나님이 한 분이시라는 것은 무엇을 의미합니까?

하나님은 나와 같은 자가 더 이상 없다고 말씀하셨고(사 45:22), 모세는 오직 하나님은 한 분이시라고 했다(신 6:4). 하나님이 한 분이시라는 것은 모든 것의 첫 번째 원인이 하나님이시며, 모든 것의 최종적 목적이 하나님께 있다는 것을 의미한다. 하나님이 한 분이시라는 것은 하나님이 부분적으로 하늘에 계시고 다른 한편으로는 땅에 계시는 것과 같이 생각해서는 안 되며, 하나님은 완전히 모든 곳에 계시다는 것이다(렘 23:24). 따라서 영과 진리 가운데 하나님을 예배해야 한다.

2. 하나님을 살아 계신 하나님으로 말하는 이유는 무엇입니까?

하나님은 본질적으로 자신 안에 생명을 가지고 계시기 때문이다(요 5:26). 따라서 하나님은 살아 있는 어떤 피조물에게도 생명을 주시는 분이며, 생명의 저자이시다(행 17:28). 반면에 우상은 말 못 하는 죽어 있는 것에 불과하다(시 115:4-7). 따라서 죽어 있는 우상을 숭배하는 것은 죄이며, 우상을 섬기는 자를 탐욕이 가득한 자라고 말하는데, 그 마음에 하나님 대신에 세상이 가득하기 때문이다(엡 5:3).

3. 하나님을 진정한 하나님으로 부르는 이유는 무엇입니까?

모든 거짓 신과 우상에 대한 반대 개념으로 진정한 하나님이라고 부른다(렘 10:10-11). 살아 계신 것과 진정한 성질은 오직 하나님이 한 분이시라는 것과 불가분의 관계를 가지고 있다(살전 1:9). 불신자들은 오직 자신을 위해서 우상을 섬긴다(렘 10:5). 그러나 하나님의 백성은 진정한 하나님께 자신을 거룩한 산제사로 드리게 되어 있다(롬 12:1).

> 질문 6. 하나님의 신격 안에 몇 위가 계십니까?
>
> 답 | 하나님의 신격 안에 세 위가 계십니다. 아버지, 아들, 성령이십니다. 세 위격은 한 분 하나님이십니다. 본체는 하나이며, 능력과 영광에 있어 같습니다.

1. 삼위일체 교리가 우리의 구원에서 의미하는 것은 무엇입니까?

각각 구별되는 삼위가 하나의 신적 본질 안에 있는 것을 말한다(요일 5:6-8). 이는 우리의 생각과 이성으로 이해할 수 없는 초월적 신비다(골 2:2; 욥 11:6-7). 하나님이 성경에서 자신을 계시하신 것으로서 신격의 통일성 안에 삼위가 계신 것이다(마 3:16-17, 28:19; 고후 13:13). 나누어질 수 없는 하나의 신적 본질 안에 삼위로 구별되시는 것이다. 신적 본질은 삼위 모두에게 해당되는 것이며, 각 위로 구별되는 것은 하시는 사역으로 인한 것이다. 삼위일체 교리는 우리의 구원을 이해하는 데 필수적이다. 구속의 사역에서 아버지는 정하셨고(ordaining), 아들은 구속하셨고(purchasing), 성령은 적용(applying)하신다(벧전 1:2).

2. 삼위는 우리의 예배에서 어떻게 예배됩니까?

각 위의 특성은 구별되며, 각 위 간에 우선순위가 있는 것은 아니다. 각 위가 하나님이신데, 하나님 아버지를 '하나님'이라고 말하며(고전 8:6,

15:24; 갈 1:1, 3), 그리스도를 '하나님'이라고 언급하고 있다(요 1:1; 딛 2:13; 사 9:6). 성령 역시 '하나님'이신데, 그 속성과 하시는 일이 하나님이신 것을 증거한다(행 5:3-4; 히 9:14; 고전 2:10; 눅 1:35; 벧후 1:21). 신격 안에서 삼위는 구별될 뿐이지 나누어질 수 없다. 삼위일체 교리는 우리가 하나님께 예배할 때 그리스도 안에서 성령에 의하여 아버지를 예배하는 것이며, 우리가 기도할 때에도 그리스도 안에서 성령에 의하여 아버지께 구하는 것이다(엡 2:18, 5:20).

> **질문 7. 하나님의 작정은 무엇입니까?**
>
> 답 | 하나님의 작정은 자신의 계획의 경륜에 따른 영원한 목적입니다. 이로써 자신의 영광을 위해서 되어야 하는 모든 것을 미리 정하신 것입니다.

1. 하나님의 작정의 속성은 무엇입니까?

선택의 작정과 복음 반포의 작정은 영원한 것으로 에베소서에서 분명히 말하고 있다(엡 1:4). 따라서 하나님의 다른 작정도 영원한 것이다(행 15:18). 하나님의 작정들은 질서 있게 실행된다(막 7:37). 하나님의 작정은 절대적인 것이어서 어떤 조건에도 의존되지 않으며, 오직 하나님의 주권과 뜻에 달려 있다(엡 1:11). 하나님의 작정은 불변한 것이다. 성경은 이를 증거하고 있다(욥 23:13; 사 46:10). 하나님은 지혜와 능력과 신실함에 있어서 흠이 없으시기 때문이다.

2. 하나님의 모든 작정의 목적은 무엇입니까?

하나님 자신의 영광을 위한 것이다(잠 16:4). 천사와 사람은 하나님의 작정의 특별한 대상이 된다. 하나님이 사람들 중에서 특정한 자들을 그리스도 안에서 선택하시어 영원한 생명을 주기로 작정하셨는데(딤후 2:19; 요 13:18), 이는 온전히 그분의 영광스러운 은혜를 찬양하게 하시기 위해서다(살후 2:13-14). 하나님이 그들이 믿을 것과 선행이 있을 것을 미리 알고 선택하신 것이 아니며, 오직 하나님의 거저 주시는 은혜로 인한 것이다(엡 1:6, 12). 어떤 이들에게는 죄를 짓는 상태에 내버려 두기로 하셨는데, 그들의 죄에 대해서 심판함으로 하나님의 공의를 드러내시기 위해서다(롬 9:17-18, 22; 벧전 2:8).

3. 하나님의 선택과 유기 교리는 전도를 소용없게 만들며, 인간의 책임을 무시하게 만듭니까?

하나님이 선택하신 백성은 구원받을 것이며, 선택하지 않으신 백성은 구원받지 못할 것이라고 생각하여 인간이 전도를 하지 않는 것은 마치 자신이 하나님의 작정을 모두 안다고 하는 태도로서 경건하지 못한 것이다. 한편으로, 하나님의 작정 교리를 운명론적으로 이해하는 것은 성경적인 태도가 아니다. 하나님의 선택을 아는 것에 있어서 인간은 매우 제한적이다. 오직 선택의 효과인 성화가 나타날 때 그가 선택되었다는 것을 확인할 뿐이다(엡 1:4-5). 또한 타락의 효과가 나타날 때에만 그가 버림받았다는 것을 알 수 있을 뿐이다(히 6:4-6). 따라서 신자는 그리스도가 명령하신 대로 온 땅을 두루 다니면서 복음을 전해야 한다(마 28:18-20).

질문 8. 하나님은 자신의 작정을 어떻게 실행하십니까?

답 | 하나님은 자신의 작정을 창조와 섭리의 사역으로 실행하십니다.

---

1. 하나님은 자신의 작정을 어떻게 실행하십니까?

하나님이 영원 전부터 목적하신 바를 이루시는 것인데, 하나님의 때에 실행하시는 것이다(사 46:10). 하나님이 작정하신 것은 실패하지 않으며 반드시 이루어진다(롬 9:19). 하나님은 어떤 도구도 사용하셔서 자신이 기뻐하는 대로 그 뜻을 이루신다(행 4:27-28). 하나님의 작정은 하나님의 능력이 무한하기 때문에 반드시 실현되게 되어 있다(벧후 1:3).

> 질문 9. 창조의 사역은 무엇입니까?
>
> 답 | 창조의 사역은 하나님이 아무것도 없는 것에서 능력의 말씀으로 6일 동안에 모든 것을 선하게 만드신 것입니다.

1. 하나님은 무엇으로 만물을 창조하셨습니까?

하나님의 말씀으로 모든 것을 만드셨다(시 33:6). 창조 이전에 선재하여 있는 것을 가지고 만드신 것이 아니라 아무것도 없는 가운데서 만드셨다. 따라서 모든 것의 시작이 하나님께 있으며, 모든 것의 존재가 하나님으로부터 있다(느 9:6). 하나님이 태초에 이 모든 것을 만드셨기 때문에 시간 역시 피조물이다(창 1:1). 더욱이 하나님이 이 모든 것을 6일 동안 만드셨는데, 이 '날'의 개념은 모세가 하나님으로부터 받은 십계명에서 확인된다(출 20:11).

2. 하나님이 만물을 만드신 목적은 무엇입니까?

하나님 자신의 영광을 위해서다. 하나님은 모든 만물을 만드시면서 자신의 무한한 능력과 지혜와 선하심을 나타내셨다. 창조에서 하나님은 그 어떤 것과도 비교할 수 없는 탁월함을 드러내셨다(잠 16:4). 하나님의 창조의 완전함은 하나님의 능력과 지혜를 드러내고 있다(롬 1:20). 하나님이 만물을 만드신 것에 있어서 다양성과 조화와 질서는 하나님의 지혜를 나타낸다(시 104:24).

3. 창조에 있어서 하나님의 선하심은 어떤 의미를 가지고 있습니까?

하나님은 모든 만물을 지으시고 나서 지으신 모든 것을 보며 심히 좋아하셨다(창 1:31). 이는 하나님의 완전하심을 나타내는 반면에, 한편으로는 사람들의 유익을 위한 것이다. 어떤 피조물이라도 사람에게 해가 되는 것은 없었다. 사람이 범죄한 이후에 땅이 저주를 받았으며(창 3:17), 사람의 죄가 확산되었으며(롬 5:12), 사람의 죄로 인하여 피조물이 사람에게 고통을 주게 되었다(롬 8:22).

4. 하나님이 제7일에 안식하신 이유는 무엇입니까?

하나님이 노동에 피곤해서 쉬신 것이 아니다. 하나님은 영원하신 분으로서 피곤하지 않으시며, 주무시지도 않는 분이시다(사 40:28). 제7일에 안식하셨다는 것은 창조에 있어서 부족함이 없이 완성되었다는 것을 의미한다(창 2:2-3). 그리고 하나님이 직접 안식하시는 것을 사람들에게 보여 주시고, 사람들이 그날에 노동을 멈추고 하나님을 예배하는 날로 정하신 것이다. 따라서 사람들은 모든 창조로부터 하나님을 바라보아야 하며(시 19:1) 주권자이신 하나님을 인정해야 한다(대상 29:11).

> 질문 10. 하나님은 인간을 어떻게 창조하셨습니까?
>
> 답 | 하나님은 인간을 남자와 여자로 만드시되, 자신의 형상을 따라 만드셔서, 지식과 의로움과 거룩함이 있었습니다. 그리고 피조물들을 다스리도록 하셨습니다.

1. 사람의 창조와 다른 피조물의 창조는 무엇이 다릅니까?

하나님은 사람의 행복과 복지를 위해서 모든 것을 만드신 다음에 사람을 만드시고, 그것들을 누리게 하셨다(시 8:6-8). 사람은 만드신 방법에서부터 다른 피조물들로부터 구별된다. 사람을 제외한 모든 피조물은 하나님의 명령으로 만들어졌지만, 사람은 하나님의 형상을 따라 만들어졌다(창 1:26, 28). 하나님은 사람을 만드실 때는 몸과 영혼으로 구성되게 하셨다. 사람이 몸과 영혼이 있는 존재로 만들어진 것은 짐승과 구별된다.

2. 사람의 몸과 영혼은 어떻게 만들어졌습니까?

사람의 몸은 흙으로 만들어졌는데, 하나님이 마치 토기장이와 같이 사람을 만드셨다(사 64:8, 45:9). 여자는 남자의 갈비뼈를 취하여 만드셨다(창 2:21-22). 이것은 우리가 단지 먼지에 불과하다는 것을 기억하게 만들며(전 3:20), 한편으로 우리의 생명이 하나님의 손에 달려 있다는 것을 알려 준다(렘 18:6). 영혼은 하나님이 생기를 불어 넣어 주심으로 만들어졌다(창 2:7). 따라서 하나님이 모든 영혼의 주가 되시며(히 12:9), 하나님은 절대적으로 영혼들을 지배하고 다스리신다. 하나님 자신이 원하는 대로 영혼을 부르시면 영혼은 돌아가게 되어 있다(전 12:7). 몸은 신체를 가지고 있지만, 영혼은 비(非)물질적 존재다. 사람이 영혼을 가지고 있다는 것은 이성적 존재임을 말한다.

3. 하나님이 사람을 하나님의 형상으로 만드신 이유는 무엇입니까?

사람의 영혼에 하나님의 형상이 새겨졌다(약 3:9). 영혼은 영적이면서 죽지 않으며, 이해력을 가지고 있고, 의지를 가지고 있다. 영혼에 하나님의 형상이 새겨졌다는 것은 지식과 의로움과 거룩함을 가지고 있다는 것이다(골 3:10; 엡 4:24). 사람은 하나님에 대해 완벽한 지식을 가지고 있었다. 내재된 의로움과 거룩함을 가지고 있어서 하나님의 계명을 수행할 수 있었다. 타락 이전 사람의 상태는 지극히 거룩하고 행복한 상태였다. 하나님의 뜻을 온전히 이해했고, 하나님의 뜻에 즐거움으로 순종했으며, 그의 마음은 하나님에 대한 사랑으로 가득 찬 상태였다.

질문 11. 하나님의 섭리의 사역은 무엇입니까?

답 | 하나님의 섭리의 사역은 그분의 지극한 거룩함과 지혜와 능력으로써 그분의 모든 피조물과 그들의 모든 행동을 보전하고 다스리시는 것입니다.

1. 하나님의 섭리는 무엇입니까?

하나님이 사람과 모든 피조물을 보전하시는 것을 말한다(시 36:6). 이 땅에 다양한 피조물이 수없이 많지만 시대를 이어서 조화를 이루고 질서가 있는 것은 하나님이 그것들을 다스리고 보전하시기 때문이다(행 17:25). 하나님은 가장 작은 것과 미천한 것에서부터 큰 것까지 다스리신다. 심지어 우리 머리의 머리카락 숫자도 알고 계시며 하늘의 별들의 숫자도 알고 계신다(마 10:30; 시 147:4). 하나님의 섭리는 하나님의 무한한 지혜 가운데 실행되는 것이다(느 9:6).

2. 하나님의 섭리의 대상의 범위는 무엇입니까?

하나님의 섭리의 대상의 범위는 모든 피조물의 행동들을 포함한다. 우리에게 우연한 것으로 보일지라도 하나님이 정하신 것이 있다(잠 16:33). 자발적 행위들일지라도 하나님의 섭리가 그 속에 있다(잠 19:21). 하나님은 사람들의 의지에 영향을 주시고 성향을 일으키셔서 그 일들을 행하게 하신다(빌 2:13). 때로 하나님은 죄 된 행위를 허락하셔서 자신의 거룩한 목적을 이루신다(행 14:16). 예를 들어, 하나님은 제사장들로 하여금 그리스도를 십자가에 못 박는 것을 허락하셔서 구속의 목적을 이루셨다(행 2:13).

3. 하나님의 섭리의 속성들은 무엇입니까?

하나님의 섭리는 가장 거룩하며, 지혜롭고, 능력이 있다. 하나님의 다스리심 속에 이 세 가지는 분명하게 나타난다(시 145:17). 하나님은 가장 지독한 죄인을 성도로 만드시며(딤전 1:12-13), 한편으로 악인에게 심판을 행하신다(시 9:16). 하나님의 섭리가 가장 지혜로운 것은 모든 것이 합력하여 선을 이루기 때문이다(롬 8:28). 또한 하나님의 섭리가 능력 있는 것은 저항할 수 없기 때문이다(단 4:23). 하나님의 섭리는 수단이 미약해 보일지라도 위대한 사건을 만들어 내는데, 미련하게 보이는 전도로 사람을 구원하시는 것과 같다(고전 1:21).

4. 하나님의 섭리의 종류는 무엇입니까?

통상적인 섭리와 비상한 섭리 그리고 일반섭리와 특별섭리가 있다. 통상적 섭리는 하나님이 처음부터 정하신 대로 질서 있게 일어나는 것을 말한다(행 14:17). 비상한 섭리는 자연적 질서를 뛰어넘어서 일어나는 기적 같은 것이다. 홍해를 마른 땅처럼 건너는 것과 말씀 한마디로 병을 치유하는 것이 여기에 해당된다. 일반섭리는 모든 피조물에 대해 일반적으로 일어나는 것인데, 하나님이 자연을 다스리시는 것이다(행 17:28). 특별섭리는 이성적인 피조물들에 대해서 시행하시는 것으로 '하나님의 도덕적 통치'라고 부른다(신 30:16-18). 특별섭리는 하나님이 자신의 교회를 다스리고 돌보시는 것을 포함하고 있다(대하 16:9).

5. 하나님의 섭리를 어떻게 주목해야 합니까?

겸손함과 경외함과 감사함으로 우리에게 일어난 일들을 바라보아야 한다. 우리의 감각이 약하기 때문이며(롬 11:34), 그 가운데 하나님의 자비와 심판이 섞여 있기 때문이다(시 101:1). 한편으로, 하나님의 섭리를 간과하는 것은 위험한 일이다(시 28:5). 하나님의 섭리는 외적으로는 신비적이다. 요셉이 감옥에 갇힌 일과 다니엘이 사자 굴에 떨어진 사건 등은 보다 높은 길로 나아가는 것이다. 한편으로, 악인이 형통하는 반면에 경건한 자들은 고난을 당하는 모습을 볼 때(렘 12:1) 시험에 들지 않도록 해야 한다. 악인들의 결국은 피할 수 없는 하나님의 심판이기 때문이다(눅 16:19-27). 하나님의 섭리를 믿는 우리는 하나님을 신뢰해야 한다(시 38:15).

6. 하나님이 사람을 통치하기 위해 주신 것은 무엇입니까?

하나님은 사람을 이성적인 존재로 만들어 다른 피조물과 구별되게 하셨으며, 도덕법을 주셨다(욥 35:10-11). 도덕법이란 하나님과 사람에 대하여 바른 행위를 말한다(롬 7:12). 이것은 하나님이 자신의 형상으로 사람을 만드실 때 마음에 새겨 놓으셨다(창 1:27). 도덕법은 하나님에 대한 순종의 원리를 담고 있으며, 하나님의 권위에 굴복하고, 마음을 다하여 하나님을 사랑할 것을 요구하고 있다(전 7:29).

> 질문 12. 하나님이 인간을 지으신 상태에서 인간을 향하여 행하신 섭리의 특별한 행위는 무엇입니까?
>
> 답 | 하나님은 인간을 만드실 때 완전한 순종을 조건으로 인간과 생명의 언약을 맺으셨습니다. 선악을 알게 하는 나무의 열매를 먹는 것을 죽음의 고통으로 금하셨습니다.

1. 하나님이 아담과 맺으신 언약은 무엇입니까?

하나님이 아담과 맺으신 언약을 '행위언약'이라고 부른다. 행위언약이라고 부르는 이유는 조건이 있기 때문이다. 하나님은 무죄 상태의 아담과 언약을 맺으셨다(창 2:16-17). 행위언약이 요구하는 것은 하나님의 계명에 대한 완전한 순종이었다. 하나님은 아담에게 선악을 알게 하는 나무의 열매를 먹지 말라고 명령하셨다. 아담은 하나님의 계명에 순종해야 했다. 하나님의 명령에는 하나님의 주권적인 뜻이 포함되어 있다. 하나님은 불순종할 경우 죽게 될 것이라고 말씀하셨다. 그러나 순종하는 경우에는 생명이 계속된다. 아담이 자신의 행위로 생명을 얻으라는 것은 아니다. 아담이 순종을 하더라도 하나님의 약속과 은혜로 생명을 얻는 것이다. 행위언약은 하나님의 주권을 인정하고 하나님의 영광을 위해 순종을 도전받는 것이다.

2. 아담과 하와가 무죄 상태에서 누렸던 것은 무엇입니까?

창조주 하나님의 다스리심 가운데 있으면서 행복을 누렸다. 그들은 하나님과 친밀한 교제를 가졌으며, 하나님이 명령하신 대로 모든 피조물을 다스릴 수 있었다. 아담은 행위언약이 의미하는 바를 알고 있었다. 하나님이 순종을 원하신다는 것을 알고 있었다. 아담은 하나님의 선하심을 깨닫고 있었으며 인류의 유익을 위해서 베푸신 것들을 인정하고 있었다. 물론 선악과를 먹는 것이 하나님의 진노를 일으킨다는 것도 알고 있었다. 더욱이 순종하고 있는 한 생명나무의 열매를 먹으면서 영원토록 생명을 얻는다는 것도 알고 있었다.

3. 아담이 행위언약을 어긴 결과는 무엇입니까?

하나님은 아담에게 언약을 어길 경우 죽게 될 것이라고 말씀하셨다. 아담은 하나님께 순종하지 않았다. 그리고 자신이 악에 떨어진 것을 알았으며, 죄로 인하여 비참한 상태에 빠진 것을 깨달았다. 죄로 인하여 자신이 받아야 할 형벌이 죽음이라는 것을 알았다(롬 6:23). 이렇게 아담의 죄로 인하여 죽음과 영벌이 인류에게 들어왔다. 죄로 인하여 사람은 하나님과 불화의 관계가 되었다. 따라서 하나님과 화목될 수 있는 수단이 필요했으며, 영원한 생명을 얻을 수 있는 방법이 필요하게 되었다. 그것은 바로 둘째 아담인 그리스도이시다(롬 5:19).

하나님은 절대적으로 제한을 받지 않으시며,
무한하시며, 존재에 있어서 완전하시다.
하나님은 영원하신데,
시작과 끝이 없이 항상 존재하는 분이시다.
하나님은 불변성을 가지고 계신다.
하나님은 약속의 성취에 신실하시며
시작하신 일을 마치기까지 신실하시다.
하나님은 영광스러운 초월적인 존재이시기에
하나님 자신 외에는
누구도 하나님을 완전하게 알 수 없다.

4장

질문 13-19

인간을 아는 지식

> **질문 13.** 우리의 첫 번째 부모는 그들이 피조된 상태 안에서 계속 있었습니까?
>
> **답** | 우리의 첫 번째 부모는 하나님에 대해서 죄를 지음으로써 그들 스스로의 의지의 자유로부터 떠났으며, 그들이 피조된 상태로부터 타락되었습니다.

1. 우리의 첫 번째 조상인 아담과 하와는 어떻게 타락했습니까?

하나님께 죄를 범함으로 타락했다(창 3:6-7). 아담과 하와는 지식과 거룩함과 의로움이 있어서 하나님의 뜻에 완전하게 순종할 수 있었다(전 7:29). 무죄 상태에서의 사람은 하나님이 기뻐하시는 것을 택하여 행할 의지가 있었다. 그러나 사람은 의지의 자유에서 떠나서 죄를 지었다. 사람이 타락한 이후 자유의지는 구원과 관련된 영적인 것을 택하지도 않으며, 택할 수도 없게 되었다. 자기 스스로 돌이킬 수 없게 되었다(요 6:44, 65). 사람들은 부패된 상태에 있으며 악을 행하는 것에 기울어졌다.

2. 아담과 하와는 자유의지를 어떻게 남용했습니까?

아담과 하와는 자신들의 자유의지를 하나님께 드려서 마귀의 유혹을 극복했어야 했다. 아담과 하와는 자유의지를 가지고 하나님의 계명에 기꺼이 순종했어야 했다. 그러나 그들 스스로 마귀의 유혹에 기꺼이 굴복하고 말았다(약 1:14). 마귀는 뱀을 사용해 하와를 유혹했고, 여자는 금지된 열매를 먹었다. 그리고 여자는 그 열매를 남자에게 주었고, 남자도 먹었다(창 3:5-6). 결국 아담과 하와는 자유의지를 가지고 하나님의 계명을 어김으로 죄를 짓고 말았다(고후 11:3).

3. 사람이 죄를 지은 효과는 무엇입니까?

자유의지를 남용하여 죄를 지은 후에 효과로서, 사람은 선한 것과 거룩한 것을 택하지 않으며, 육신적인 것과 세상적이며 정욕적인 것을 더욱 택할 수밖에 없게 되었다. 사람은 죄와 허물로 죽을 수밖에 없는 상태에 이르게 되었다(엡 2:1-2). 하나님이 사람에게 주신 거룩함과 지혜와 의로움은 상실되고 말았다. 이제 사람은 죽음과 고통을 맛보게 되는 비참한 상태에 이르렀다. 사람은 한순간도 안전하지 않은 상태에 놓였다(전 9:12). 따라서 사람 스스로에게는 소망이 없는 존재가 되었다.

> **질문 14. 무엇이 죄입니까?**
>
> 답 | 죄는 하나님의 법을 지키지 못한 것과 혹은 하나님의 법을 어긴 것입니다.

1. 죄를 알기 위해 먼저 무엇을 알아야 합니까?

죄에 대한 지식이 있기 위해서는 하나님의 법을 알아야 한다(롬 7:7). 하나님의 법이 없다면 죄가 없다(롬 4:15). 하나님이 사람에게 계명을 주시어 순종의 규칙을 주셨다. 무죄 상태의 아담과 하와는 하나님의 계명이 그 심령에 새겨져 있었기 때문에 하나님의 뜻을 완전하게 알고 있었다. 그럼에도 아담과 하와는 계명을 어김으로 죄를 지었다. 하나님께 대항해서 죄를 범했다.

2. 하나님의 율법을 지키지 않는 것을 죄라고 부르는 이유는 무엇입니까?

사람이 적극적으로 하나님의 율법을 어기지 않았다 하더라도, 지키지 않는 것이 죄가 된다. 하나님의 율법은 사람들에게 적극적으로 율법에 일치하는 삶을 살 것을 요구하기 때문이다. 성경은 율법에 일치된 삶을 살지 않는 것이 죄라고 말하며, 그것에 대해서 하나님의 저주가 있다고 말한다(갈 3:10). 아담이 타락한 이후 사람은 하나님의 계명에 일치하는 삶을 살 수 없게 되었다. 따라서 모든 사람이 죄를 범하여서 하나님의 영광에 이르지 못하게 되었다(롬 3:23).

3. 하나님의 율법을 어기는 것을 죄라고 부르는 이유는 무엇입니까?

하나님의 율법은 우리의 모든 행위의 규범이자 경계가 된다. 우리가 죄를 짓는 것은 하나님이 정해 놓으신 경계를 넘어서는 것이다. 하나님의 율법은 그분의 거룩하심과 선하심을 담고 있기 때문에 그 법을 어겨야 할 어떤 이유도 없다(롬 7:12). 그럼에도 그 경계를 넘는 것은 율법의 제정자이신 하나님을 무시하고(약 4:12; 사 33:22) 하나님에 대하여 대적하는 것이다. 하나님께 대적하는 것은 하나님의 저주 아래에 있는 것이다(신 28:15).

4. 죄를 짓는 것의 결과는 무엇입니까?

사람이 계속해서 죄를 짓는 것은 하나님에 대하여 대적하는 것이다. 아담이 타락한 이후 사람은 원죄로 인하여 죄성(부패성)이 심령에 자리를 잡아 죄를 계속해서 짓는다. 아담이 무죄 상태에서 가지고 있었던 거룩함과 의로움을 완전히 상실한 상태다. 사람에게서 모든 악이 증가하고 있다(롬 7:13). 하나님의 진노가 사람들 위에 걸려 있는 상태가 되었다(겔 24:13; 레 26:28). 따라서 하나님의 진노를 피할 수 있는 길을 찾아야 한다. 그것이 곧 그리스도이시다(행 4:12).

> **질문 15.** 우리의 첫 번째 부모에 의해서 피조된 지위에서 타락하게 만든 죄는 무엇입니까?
>
> **답 |** 우리의 첫 번째 부모가 피조된 지위에서 타락하게 만든 죄는 금지된 열매를 먹은 것입니다.

1. 아담과 하와가 지은 죄를 무엇이라고 부릅니까?

'원죄'라고 부른다. 아담과 하와는 하나님이 먹지 말라고 하신 선악과를 먹었다. 하나님이 아담과 하와에게 선악을 알게 하는 나무의 열매를 먹지 말라고 명령하신 것은 그들의 순종을 시험하시고 하나님이 모든 것을 다스리는 주이심을 나타내려고 하신 것이다. 아담과 하와의 죄는 마귀의 말을 듣고 믿은 데서부터 시작해서 실제로 선악과를 먹은 것이다. 아담과 하와는 하나님의 계명을 어겼다(창 3:11). 아담과 하와의 죄가 큰 이유는 그들이 에덴동산에서 모든 것을 누리면서 풍성한 삶 가운데 있었음에도 불구하고 죄를 지은 것이다.

2. 마귀가 하와를 유혹한 방법은 무엇입니까?

마귀는 하와를 공격해서 하나님의 선하심에 대해서 의심하게 만들었고, 하나님의 계명에 담긴 죽음의 위협에 대해서 망각하도록 만들었다. 그리고 선악과에 대해서 감각적인 유혹을 했고, 하나님과 같이 될 수 있다고 했으며, 지식이 더욱 확장될 수 있다면서 교만을 부추겼다. 결국 하와는 선악과를 먹었고, 남편에게도 주어서 먹게 했다. 이는 하나님의 언약을 어긴 것이다(호 6:7).

3. 아담과 하와는 어떻게 계명을 어긴 것입니까?

아담과 하와는 선악과를 먹지 말라는 명령을 어겼다. 그런데 원죄는 불신앙의 죄다. 그들이 하나님의 진리보다는 마귀의 말을 더욱 신뢰했기 때문이다(창 3:4). 아담과 하와의 죄는 감사하지 않은 죄다. 하나님이 그들을 에덴동산에 두시어 모든 것을 풍족하게 하시고 누리게 하셨음에도 불구하고 그들은 감사하지 않고 죄를 범했다. 원죄가 끔찍하게 무서운 죄인 이유는 하나님과 동등해지고자 하는 야망으로부터 비롯되었기 때문이다. 아담과 하와의 죄는 영적으로 부주의한 데서 나온 죄. 하나님이 아담에게 분명히 적의 존재를 알려 주셨기 때문이다(창 2:15). 그들이 지은 죄는 결국 죽음을 불러일으켰다. 자신들을 살인하게 만든 죄다.

4. 죄의 유혹의 성질은 어떠한 것입니까?

마귀가 하와의 마음에 유혹을 했다. 그리고 마음에 욕망이 일어나도록 계속해서 유혹을 했다. 죄가 마음에 잉태되면 반드시 죄를 짓기 때문에 마귀는 이렇게 유혹했다(행 5:3). 따라서 죄를 극복하는 방법은 마음에 죄악이 잉태되지 않도록 하는 것이다(약 4:7). 그런데 이렇게 죄를 극복하는 것이 결코 쉽지 않다. 무죄 상태인 아담과 하와도 이 유혹에 져서 죄를 지었다. 한편으로, 오늘날 우리가 거듭났다고 할지라도 부패성이 남아 있으며 세상의 유혹이 있기 때문에 사람의 본연의 능력으로 할 수 있는 일이 아니다. 따라서 하나님께 죄를 극복할 수 있는 은혜를 달라고 구해야 한다(마 6:13, 26:41).

> **질문 16.** 아담의 첫 범죄 안에서 모든 인류가 타락했습니까?
>
> **답 |** 아담과 맺으신 언약은 아담 자신을 위해서뿐만 아니라 그의 후손을 위한 것으로서 그로부터 내려온 모든 인류는 세대를 거쳐서 그 안에서 죄를 지었으며, 그의 첫 범죄 안에서 그와 함께 타락했습니다.

1. 인류의 머리로서 아담의 죄는 어떤 효과를 주었습니까?

아담은 인류를 대표하는 인물로서(고전 15:45), 아담으로부터 모든 사람이 나왔으며 세대를 이어 왔다(롬 5:12, 14). 아담은 하나님과 행위언약 관계에 있었다(창 2:16-17). 아담은 인류의 자연적 뿌리이며, 행위언약의 머리로서 인류의 모든 사람과 관계를 가진다. 행위언약의 머리라는 것은 아담 자신은 물론이거니와 그의 후손들도 행위언약의 당사자가 된다는 것이다. 그래서 아담의 죄가 인류의 모든 사람에게 전가되었으며(롬 5:12), 죽음의 선언 역시 인류에게 전달되었다(롬 5:17). 아담의 죄로 모든 인류가 하나님의 정죄 아래에 놓이게 되었다.

2. 아담의 죄가 어떻게 인류의 죄가 됩니까?

아담은 자연적으로 모든 인류의 조상이 된다. 아담으로부터 모든 사람이 나왔기 때문이다. 아직 태어나지 않은 사람일지라도 아담 안에 있는 것으로 간주되어서 아담의 죄가 그에게 전가된다(고전 15:22). 사람들의 자연적 뿌리가 아담에게 있으며, 아담이 행위언약의 대표성을 가지고 있기 때문이다. 따라서 한 사람의 죄가 모든 사람의 죄가 되었다(롬 5:19). 이에 죄를 속하기 위해서 오신 그리스도는 아담과 연결되어서는 안 되기 때문에 통상적인 생육법으로 태어나지 않으셨으며 성령에 의해 수태되셨다(마 1:18).

3. 타락이 인류를 어떠한 상태에 있게 만들었습니까?

아담과 하와가 계명을 어김으로 타락했다(창 3:17-19). 아담과 하와는 타락함으로 인류를 죄와 비참한 상태에 놓이게 했다(롬 5:12). 인류가 죄책 아래에 있게 했으며(롬 3:19) 죄의 지배 아래에 있게 했다(롬 6:14). 비참하다는 것은 죄로 인하여 저주와 심판 아래에 있다는 것이다(롬 5:12). 아담의 자유의지의 남용으로 인하여 인류는 죄인이 되었으며 스스로를 파괴하는 자들이 되었다(호 13:9).

> **질문 17. 타락이 인류를 어떠한 상태에 있게 했습니까?**
>
> **답 | 타락이 인류를 죄와 비참한 상태에 있게 만들었습니다.**

1. 인류의 비참한 상태는 어디에서 볼 수 있습니까?

아담의 죄로 인하여 인류가 죄책과 저주와 심판 아래에 있는 상태는 비참한 것이다. 비참한 상태는 영적으로 어두운 것(엡 5:8), 하나님으로부터 멀어진 것(엡 2:13), 정죄와 하나님의 진노 아래에 있는 것(요 3:19), 죄의 종 된 상태(요 8:34; 롬 6:16) 그리고 영적으로 법적으로 죽음의 상태다(엡 2:1). 그런데 인류가 더욱 비참한 상태에 있는 것은 자기 스스로가 이러한 상태에서 빠져나올 수 없다는 것이다(겔 16:4-5). 인류 스스로 이러한 비참함에서 결코 빠져나올 수 없는 이유는 아담의 타락으로 사람의 자연적 본성이 하나님과 원수 된 상태이며, 복음을 받아들이지 않고(시 81:11), 하나님이 정하신 구원의 방법을 거절하고 있기 때문이다(요 5:40).

2. 원죄는 인류에게 어떠한 영향을 미쳤습니까?

아담이 지은 원죄는 모든 사람에게 전가되었고, 모든 사람은 내재적으로 원죄를 가지고 태어난다. 아담의 죄가 모든 사람을 죄인으로 만들었다(롬 5:19). 아담은 법적으로나 자연적으로 모든 인류의 머리이며 대표자다. 하나님은 아담을 통해서 그의 후손과 언약을 맺으신 것이다(고전 15:22). 아담이 언약을 어겼을 때 그의 후손도 아담과 같이 언약을 어긴 것이 되었다. 아담에게 내려진 형벌이 인류에게 똑같이 선언되었다.

3. 원죄는 무엇이 결여된 것입니까?

하나님이 사람을 만드실 때 하나님의 형상으로 지으셨고, 이로써 사람은 본연의 의로움을 가지고 있다. 그러나 아담이 죄를 범함으로 의로움을 상실했다. 그래서 인류는 의로움이 결여된 상태가 되었다. 그런데 율법이 의로움을 요구하고 있다. 따라서 그들이 율법을 지킨다고 해도 온전히 지킬 수 없기 때문에 의로운 자는 없다(롬 3:10-12, 20). 결국 사람은 저주와 심판 아래에 놓이게 되었다(롬 6:23; 갈 3:10). 이제 죄인이 의로워질 수 있는 방법은 자신에게 없다. 오직 하나님이 마련하신 방법 외에는 없다(롬 3:22, 24).

4. 원죄로 인하여 사람의 심령은 어떻게 되었습니까?

원죄는 사람의 본성 전체를 부패시켰다(딛 1:15; 롬 3:10-19). 보편적인 부패는 몸과 영혼과 영혼의 모든 기능에서 일어났다(사 1:5-6). 몸과 영혼의 전적 부패로 영적인 것에 대해서 원수가 되었고, 영적인 것에 무능하게 되었다(롬 8:7). 심령의 성향이 죄에 완전히 기울어졌다(창 6:5). 사람의 심령이 부패된 증거는 하나님의 형상으로 지음 받은 아담이 범죄 후 낳은 아이는 하나님의 형상이 아니라 그의 형상을 가지게 되었다는 것이다(창 5:1, 3). 이제 더러운 것에서 깨끗한 것이 나올 수 없으며, 더러운 것이 나온다고 성경은 말한다(욥 14:4). 예수님도 육에서 난 것은 육이라고 말씀하셨다(요 3:6). 사도 바울은 진노의 자식들이라고 했다(엡 2:3).

5. 사람의 심령이 부패된 것에서 나오는 증거들은 무엇입니까?

사람의 심령이 부패된 것으로부터 죄가 홍수처럼 세상에 만연하게 되었고, 사람들에게 비참함이 일반이 되었다. 사람들은 진리보다 오류와 거짓에 대해 경청하고(잠 19:27), 자신의 영혼보다는 몸에 더욱 관심을 가지고 돌본다(막 8:36-37). 사람들은 자신이 가지고 있는 것에 만족하지 못하고 다른 사람의 것을 빼앗으려고 한다(삼하 12:1-4). 사람들은 자신의 행위를 근거로 구원받을 것으로 생각하고 자기 스스로의 의로움에 빠진다(롬 10:3). 이러한 부패성은 세대를 이어 가면서 더욱 확산되었다.

> 질문 18. **타락한 상태에서의 죄성은 무엇으로 구성되어 있습니까?**
>
> 답 | 타락한 상태에서의 죄성은 아담의 첫 번째 죄 안에 있었으며, 의로움이 결여된 것이며, 사람의 모든 본성이 부패된 것이며, 이것을 일반적으로 원죄라고 부릅니다. 이것으로부터 모든 실제적인 죄가 나옵니다.

1. 아담의 원죄와 인류가 실제적으로 짓는 죄는 어떤 관계가 있습니까?

하나님은 아담이 범죄했을 때 그에게 부여하신 의로움을 거두어 가셨다. 그리고 사람은 전적으로 부패했다. 그러면서 사람들은 어두움과 연합하게 되었다. 인류는 더욱 죄에 익숙하고 연단되었다. 머리에서 발끝까지 죄로 가득하게 되었다(사 1:5-6). 영적 이해력이 어두워져 하나님의 것을 받지 않았다(고전 2:14). 의지 또한 부패되어서 하나님에 대해서 반역하고 하나님의 율법과 복음을 반대했다. 정서 또한 부패되어서 헛된 것과 육체의 즐거움에 빠지게 되었다(사 5:12). 양심도 부패되어서 잘못된 것을 옳다 하고, 옳은 것을 잘못되었다고 한다(사 5:20). 기억도 부패되어서 쓸데없으며 헛된 것으로 가득 차 있고, 기억해야 할 영적인 것들을 망각하고 산다(시 106:13, 21). 몸도 부패되어서 죄의 도구가 되었다(롬 6:13).

2. 원죄와 자범죄의 관계는 무엇입니까?

원죄 그 자체로 정죄의 성질을 가지고 있다. 원죄는 사람을 죄의 상태에서 태어나게 하고(시 51:5) 영적으로 더러움 가운데 있게 한다. 사람들은 아담이 지었던 죄를 똑같이 따라서 반복하고 있다(롬 5:14). 이것을 '자범죄'(actual sin)라고 부른다. 우리의 모든 행위(내적이거나 외적인 행위) 가운데 하나님의 율법을 어기는 것이 죄다. 자범죄는 이미 습관으로 형성된 것이다. 그래서 의지가 죄에 대해 동의하고 죄를 짓게 한다. 결국 부패성은 영적 습관으로 자리를 잡아서 계속해서 죄를 생산해 낸다(마 7:17-18). 따라서 사람은 성령으로 거듭나지 않는 한 하나님 나라에 들어갈 수 없다(요 3:3).

> 질문 19. 인간이 타락한 상태에서의 비참함은 무엇입니까?
>
> 답 | 아담과 하와의 타락으로 인하여 모든 인류는 하나님과의 교제를 잃어버렸으며, 하나님의 진노와 저주 아래에 놓이게 되었으며, 이 세상에서의 모든 비참함과 죽음과 영원한 지옥의 고통에 놓이게 되었습니다.

1. 아담과 하와의 타락으로 인하여 인류에게 찾아온 첫 번째 비참함은 무엇입니까?

아담과 하와는 타락으로 인하여 행복을 잃어버렸다. 아담과 하와가 타락 이전에 누렸던 지극한 행복은 하나님으로 기뻐하고 즐거워하는 교제였다. 그들은 하나님의 은혜로운 임재 속에서 기뻐하면서 행복했다. 그러나 아담과 하와는 타락하자마자 하나님의 임재를 두려워했으며 하나님을 피해 숨었다(창 3:8). 하나님은 아담과 하와를 에덴동산에서 쫓아 내셨다. 이것은 하나님의 은혜로부터 추방되었다는 것을 의미한다. 타락 이후 하나님과의 교제는 막혔으며, 모든 사람은 하나님의 영광에 이르지 못하게 되었다(롬 3:23). 죄가 하나님과의 교제를 끊어 놓은 것이다.

2. 아담과 하와의 타락으로 인류에게 찾아온 두 번째 비참함은 무엇입니까?

아담과 하와의 타락 이후 인류는 하나님의 진노와 저주 아래에 놓이게 되었다. 하나님의 진노 아래에 있다는 것은 하나님이 죄인인 사람을 싫어하신다는 것이다. 하나님의 진노는 때로는 눈에 보이고, 때로는 은밀하게 시행된다(시 11:6, 50:21). 하나님의 저주 아래에 놓여 있다는 것은 율법이 죄에 대해 선고하는 것이다. 하나님은 죄인과 악인에 대해서 매일 분노하시며(시 7:11), 하나님의 진노는 하늘로부터 악인과 모든 경건하지 않은 자에게 드러난다(롬 1:18). 따라서 믿지 않는 자는 이미 정죄된 자이며 하나님의 진노가 그에게 걸려 있다(요 3:18, 36).

3. 하나님의 진노는 사람들이 피할 수 있는 것입니까?

하나님의 진노를 피할 수 있는 피조물과 사람은 없다. 하나님의 진노는 꺼지지 않는 불길이 올라오듯이 모든 것을 소멸한다(사 33:14). 하나님의 진노는 이 땅에서 쓴 고통으로 경험한다. 병든 상태에서 하나님의 진노를 느낄 수 있으며, 이때 양심은 상당한 고통과 두려움 속에 있게 된다. 하나님은 사람들의 불의를 적나라하게 드러내시고 진노가 그들에게 임할 것을 보여 주신다. 이때 사람들의 영혼은 녹아내린다(시 22:14-15). 사람들은 하나님의 진노의 임재를 경험할 때 자신을 숨길 곳이 도무지 없다는 것을 알게 되어 더욱 두려워하게 된다(시 139:7-13).

4. 아담과 하와가 타락한 이후에 인류에게 찾아온 세 번째 비참함은 무엇입니까?

아담과 하와가 타락한 이후에 인류는 이 세상의 모든 비참함과 죽음과 영원한 지옥의 고통에 놓이게 되었다. 우선, 영혼과 몸에 비참함이 임했다. 영혼은 원래의 아름다움과 탁월함을 다 잃어버리고 어그러진 형상을 가지게 되었다. 마음이 어둡게 되고(엡 4:18), 강퍅해졌으며(롬 2:5), 혼동에 빠졌다(살후 2:11). 사람들은 사탄의 종이 되었다(엡 2:2). 영혼의 질병에 대한 치료책은 사람에게 없다.

5. 인류에게 찾아온 외적인 비참함은 어떤 것들이 있습니까?

칼의 위험과 기근과 핍박과 포로로 끌려가는 것들이다(겔 5:17). 모든 종류의 질병과 재앙과 수고와 가난과 모든 종류의 십자가들이다(신 28:16-17). 이러한 외적인 재앙들은 경건한 자에게와 악인 모두에게 임하는데 경건한 자들에게는 하나님의 징계로, 그들의 영적 유익을 위한 것이다(히 12:6). 이는 하나님의 선하심으로 그들로 회개하게 하는 것이다. 그러나 회개를 거부하는 악인에게는 하나님의 징벌이다(롬 2:5).

6. 죽음의 비참함은 무엇입니까?

몸의 죽음에서 사람의 영혼과 몸이 분리된다. 죽음은 분명 죄가 원인이다(롬 5:12). 죄와 죽음은 불가분의 관계이며, 하나님의 의로우심으로 정한 것이다(겔 18:4; 히 9:27). 물론 신자의 죽음과 불신자의 죽음은 차이가 있다. 신자는 은혜언약 아래에 있기 때문에 그리스도의 손안에서 영화로움의 시작이지만, 불신자는 행위언약 아래에 있으며 사탄의 손안에 있기 때문에 지옥으로 끌려가게 된다.

7. 죽음 이후에 어떤 이들이 지옥으로 떨어집니까?

죽음 이후에 불신자의 영혼은 지옥의 영원한 고통을 받는다. 지옥은 마귀와 악한 영들을 위해 예비된 고통의 상태와 장소다(마 25:41). 그런데 이 세상의 악한 자들도 이곳으로 떨어진다. 하나님을 잊어버린 모든 나라의 사람들이 이곳으로 떨어진다(시 9:17). 경건하지 못한 자들도 이곳으로 떨어지는데, 그들은 마귀와 연합하여 살아 계신 하나님을 대적했던 자들이다(사 28:15; 엡 2:2). 그리스도를 무시하고, 복음을 거부하고, 불신앙으로 일관한 자들이 지옥에 떨어져 고모라가 받았던 심판보다 더욱 극렬한 심판을 받을 것이다(마 11:21-25).

8. 지옥의 고통들은 어떤 것들입니까?

성경에서 말하는 지옥의 고통은 완전한 어두움에 영혼들이 갇혀 있으며(마 8:12), 불 못 가운데 있고(계 20:10), 고통이 끝없이 계속되며(계 14:11), 벌레도 결코 죽지 않고, 불이 꺼지지 않고 계속되며(막 9:43), '둘째 죽음'이라고 부른다(계 21:8). 또한 악한 자들이 영원한 불에 던져질 것이며(마 18:8), 영원한 멸망의 심판을 받고(살후 1:9), 고통이 밤낮으로 영원토록 지속된다고 말하고 있다(벧후 2:17). 지옥의 영원한 고통들은 하나님의 의로우심과 거룩하심을 나타내는 것이다(벧전 1:18-19).

5장

질문 20-28

그리스도를 아는 지식

> 질문 20. 하나님이 모든 인류를 죄와 비참한 상태에서 멸망하도록 내버려 두셨습니까?
>
> 답 | 하나님은 자신의 선하신 즐거움으로부터 그리고 영원으로부터 어떤 자들을 영원한 생명으로 선택하셔서 은혜언약을 맺으셨고, 그들을 죄와 비참한 상태에서 구원하시고 그들로 구속주에 의해서 구원의 상태에 이르게 하셨습니다.

1. 하나님이 죄로 인한 비참한 상태에 빠진 인류를 그대로 버려두셨습니까?

아담과 하와가 타락하자마자 하나님은 구속주(Redeemer, 救贖主)를 약속하셨다. 구속주가 뱀의 머리를 상하게 하며 하나님의 택하신 백성을 마귀의 손에서 건져 낼 것이라고 약속하셨다(창 3:15). 구속주는 하나님의 공의를 만족시키기 위해서 하나님의 택하신 백성의 죄를 해결해야 했다(사 53:10). 구속주이신 그리스도는 구속의 보혈을 흘리셔야 했다(벧전 1:19). 구속주를 제공해 주겠다는 약속은 하나님이 택하신 죄인에게 구원을 약속하시는 것이므로 '은혜언약'이라고 부른다(렘 31:33-34). 구약에서부터 구원을 위해 구속주를 바라보게 하셨고, 신약에서는 오신 그리스도와 그분의 은덕을 구하게 하여 구원에 이르게 하셨다.

2. 은혜언약의 당사자는 누구입니까?

은혜언약을 베푸시는 분은 하나님이시며, 언약의 혜택을 입는 자들은 하나님이 그리스도 안에서 택하신 자들이다. 하나님은 그리스도 안에서 택하신 자들을 '그 자손들'이라고 부르신다(갈 3:16). 그리스도는 하나님의 택하신 백성들의 머리이시다. 그래서 그리스도는 하나님의 택하신 백성들에게 구원이 일어나도록 구속 사역을 완수하셨다. 그리스도가 하나님의 택하신 백성들의 머리가 되셔서 구원을 위한 조건들을 모두 충족시키셨다(엡 1:22-23). 따라서 하나님의 택하신 백성은 그리스도 안에서, 그리스도와 함께 선택된 것이다(시 89:3).

3. 은혜언약의 근거는 무엇입니까?

아담과 하와가 타락하자마자 하나님이 은혜언약을 베푸신 것은 영원부터 하나님 아버지와 아들 사이에 약속이 있었기 때문이다. 하나님 아버지께서 아들을 은혜언약의 보증으로 삼으셨고, 아들은 아버지께서 택하신 자들을 위해서 해야 할 일들을 이미 정해 놓으셨다. 그래서 선택된 백성을 '씨'라고 부른다(시 89:4; 사 53:10). 아버지와 아들 사이에 택하신 백성들의 구속을 위해 약속하신 것을 '구속언약'이라고 부른다. 은혜언약은 구속언약에 근거를 두고 있다. 이는 구원의 은혜가 하나님의 주권적인 은혜와 사랑으로부터 온 것임을 확증한다(히 13:20).

4. 은혜언약의 핵심은 무엇입니까?

은혜언약의 핵심은 구속주가 하나님의 택하신 백성들을 죄와 비참한 상태에서 구원하시고 구원의 상태에 있게 하시는 것이다. 수고자이신 그리스도는 택하신 백성들의 죗값을 지불하기 위해서 고난과 죽음을 당하셨다. 택함을 입은 자들이 율법을 어긴 것에 대한 저주를 대신 받으셨다(갈 3:10, 13). 구원의 은덕들이 선택된 자들에게 적용되게 하셨다. 성령에 의하여 믿음을 선물로 받게 되는 자들은 그리스도를 믿음으로 그리스도 안에 있는 은덕들이 그들에게 적용되게 하셨다(요 3:36). 선택된 씨들에게 그리스도 안에 있는 구원의 은덕들이 흘러들어가게 하셨다(사 55:3). 따라서 죄와 죄로 인한 비참한 상태에서 건짐을 받고 정죄의 상태에서 벗어나 그리스도의 통치 아래에 있게 되었다.

> 질문 21. 하나님의 택하신 자들의 구속주는 누구십니까?
>
> 답 | 하나님의 택하신 자들의 유일한 구속주는 주 예수 그리스도신데, 그분은 영원하신 하나님의 아들로서 사람이 되셨으며, 그렇게 계셨고 계속해서 그렇게 계십니다. 두 개의 구별되는 성품인 신성과 인성을 입으시고 거하셨으며 영원히 한 인격을 갖고 계셨습니다.

1. 하나님의 택하신 자들의 유일한 구속주는 누구십니까?

아담과 하와가 타락한 이후 인류는 죄와 마귀 그리고 세상과 죽음에 종이 되었다. 이것을 법적으로 포로가 되었다고 말한다(사 61:1). 하나님이 선택하신 사람이건 아니건 간에 모든 사람이 자연적으로 죄와 마귀에 종이 되었다(엡 2:1-3). 그런데 하나님이 선택하신 백성을 위해 죄와 마귀에게 종 된 것으로부터 건지실 구속주를 정하셨다. 구속주는 선택된 죄인들을 위해 속량의 값을 지불하고 마귀의 권세로부터 능력으로 건지는 자이시다(벧전 1:19). 구속주를 그리스도라고 부르는 이유는 자신의 백성을 죄에서 건지실 자이기 때문이다(마 1:21). 그리스도의 이름은 그분의 중재자의 직무를 나타내는 것이다(요 1:41).

2. 그리스도가 사람이 되셔야 하는 이유는 무엇입니까?

그리스도는 아버지께서 정하신 구속의 사역을 위해 사람이 되셨다(요

1:14; 갈 4:4). 그리스도가 사람의 몸을 입으셔야 하는 이유는 택하신 자들을 위해 고난의 죽음을 당하셔야 하기 때문이다(히 9:22). 또한 하나님과 택하신 자들이 화목하게 하기 위해서 대제사장이 되셔야 하기 때문이다(히 2:16-17). 그리스도가 하나님이시면서 동시에 사람이 되셔야 했던 이유는 만약에 하나님이 아니라면 인간의 죄로 인하여 받을 진노를 견딜 수 없기 때문이며, 하나님의 공의를 완전히 만족시킬 수 없기 때문이다.

3. 그리스도 안에서 신성과 인성이 어떻게 결합되어 있습니까?

그리스도 안에는 신성과 인성이 결합되어 있으며, 이것은 분리할 수 없는 것이다(롬 9:5; 딤전 3:16). 우리와 같은 인성 가운데 고통을 받으시고 하나님께 순종하셨는데, 이는 우리의 구속을 위한 것이다(행 20:28). 그리스도의 신성은 인간으로는 견딜 수 없는 하나님의 무한한 진노를 감당하신 것이다(롬 1:4). 그리스도는 신성과 인성을 가지신 분으로서 하나님이 받으실 만한 순종을 하셨고, 우리는 그리스도의 전 사역에 의존할 수밖에 없다(히 9:14, 7:25). 그리스도는 한 인격으로 영원히 계셨고, 계속해서 존재하시는데, 우리의 대제사장으로서 영원토록 계시는 것이다(히 7:24-25). 중재자로서 영원히 계시는 것에 있어서 신성과 인성의 결합은 중요하다(요 1:1-3, 14). 그리스도가 살아 계시기 때문에 우리가 살 수 있기 때문이다(요 14:19).

> 질문 22. 하나님의 아들이신 그리스도가 어떻게 인간이 되셨습니까?
>
> 답 | 하나님의 아들이신 그리스도가 인간이 되신 것은 진정한 몸과 이성적인 영혼을 취하심으로써, 성령의 능력으로 동정녀 마리아의 태에서 잉태됨으로, 그녀의 몸에서 나셨습니다. 그러나 죄는 없으십니다.

1. 그리스도의 인성은 어떤 것이었습니까?

그리스도는 영혼과 몸이 결합된 인성이었다. 그리스도의 몸은 진정한 몸이었으며, 이성적인 영혼과 완전하게 결합되어 있었다(히 2:14, 16). 그리스도는 이 땅에서 실제적인 몸을 가지고 계셨다. 그리스도는 다른 사람과 같이 배고픔과 갈증을 느끼셨다. 십자가에 달려 돌아가시기 전에 그리스도의 영혼은 슬픔으로 가득 차 있었다(마 26:38). 그리스도가 십자가에 못 박히셨을 때 그분의 몸은 사람의 몸이었다. 그리스도의 옆구리를 찔렀을 때 피와 물이 나왔다.

2. 그리스도가 동정녀 마리아에게서 태어나신 이유는 무엇입니까?

원죄로부터 자유로우며 죄가 없는 사람이 되시기 위해서다. 따라서 그리스도는 아담의 자연적 후손으로 오지 않으셨다. 하나님 아버지께서는 그리스도의 몸을 준비하셨고(히 10:5), 성령은 마리아의 자궁을 빌려 몸을 형성하셨다. 즉 그리스도는 동정녀 마리아의 태에서 성령의 역사로 기적적으로 잉태되셨다(눅 1:35). 죄가 없으신 상태로 태어나셨다. 그리스도는 흠이 없는 분으로 오셔야 택하신 죄인들을 위해 희생 제물로 드려질 수 있기 때문이다(히 7:26). 하나님의 아들이신 그리스도가 사람의 몸을 입은 것은 믿음으로써 그리고 성령이 영적 이해력을 주셔야 이해될 수 있는 것이다(엡 1:17).

질문 23. 우리의 구속주로서 그리스도는 무슨 직무를 수행하고 계십니까?

답 | 우리의 구속주로서 그리스도는 선지자와 제사장과 왕의 직무를 낮아진 상태와 높아진 상태에서 수행하고 계십니다.

---

1. 구속주이신 그리스도의 직무는 무엇입니까?

구속주의 직무는 하나님과 사람 사이에 유일한 중재자로서 사역이다(딤전 2:5; 히 8:6, 12:24). 사람이 죄를 지어서 하나님과의 관계가 끊어졌기 때문에(사 59:2) 하나님과의 관계를 위해서는 반드시 중재자가 필요하다. 하나님이 유일한 중재자로서 그리스도를 세우셨다. 중재자는 선지자로서(신 18:15), 제사장으로서(시 110:4), 왕으로서(시 2:6)의 직무를 수행한다. 그리스도의 이 직무들은 사람이 죄를 지어서 비참한 상태에 있기 때문에 절대적으로 필요하다. 선지자의 직무는 사람이 영적으로 무지하기 때문에 필요하며, 제사장의 직무는 사람이 죄인이기 때문에 필요하다. 왕의 직무는 우리가 그릇 행하기 때문에 필요하다. 그리스도는 우리에게 선지자로서 지혜를 주시며, 제사장으로서 우리에게 의로움을 주신다. 그리고 왕으로서 거룩함을 주신다.

2. 그리스도의 세 개의 직무는 기름 부음과 어떤 관계를 가지고 있습니까?

구약에서 선지자, 제사장, 왕은 모두 기름 부음을 받고 사역을 시작했다. 기름 부음을 받는다는 것은 직무에 있어 구별되었다는 의미를 가지고 있다(레 16:32). 구약에서 이 세 개의 직무를 모두 가지고 있는 인물은 없었다. 그만큼 그리스도가 존귀하신 분이라는 것이다. 그리스도는 성령의 기름 부음을 받으심으로써 이 직무들을 시작하셨다. 하나님이 그리스도께 직무들을 위하여 성령을 한량없이 부어 주셨다(요 3:34). 그리스도가 세례 요한으로부터 세례를 받으실 때 하늘이 열리고 성령이 비둘기같이 그리스도 위에 임하셨다. 그리고 하늘에서 "이는 내 사랑하는 아들이요 내 기뻐하는 자라"라는 음성이 들렸다(마 3:16-17). 그리스도가 직무를 시작하심을 알리는 것이었다. 그리스도의 삼중적 직무는 우리의 구원을 위해 필요한 것이다.

3. 그리스도는 그리스도의 직무를 어떤 상태에서 수행하고 계십니까?

그리스도는 이 땅에서 무지한 자들을 깨우치기 위한 사역을 하셨으며, 지금 하늘 보좌 우편에서 성령을 통하여 영적으로 깨우치는 사역을 하고 계신다. 그리스도는 제사장으로서 이 땅에서 자신을 희생 제물로 드리셨고, 하늘 보좌 우편에서 자신의 백성을 위해 아버지 앞에서 제사장의 사역을 행하고 계신다. 그리스도는 이 땅에서 왕으로서 주권과 능력을 나타내셨으며, 하늘 보좌 우편에서 자신의 백성을 다스리고 계신다. 따라서 그리스도는 그리스도의 직무를 인간의 몸을 입고 낮아지신 상태에서 수행하셨으며, 승천하셔서 하늘 보좌 우편에 있는 상태인 지금 수행하고 계신다.

> **질문 24.** 그리스도는 어떻게 선지자의 직무를 수행하고 계십니까?
>
> **답** | 그리스도는 자신의 말씀과 성령으로 우리의 구원을 위해 하나님의 뜻을 계시함으로 선지자의 직무를 수행하고 계십니다.

1. 그리스도는 선지자의 직무를 어떻게 감당하셨습니까?

사도 베드로는 모세가 예언한 '그 선지자'를 그리스도께 적용했다(신 18:15; 행 3:22). 그리스도는 죄인을 구원하시는 하나님의 뜻과 방법에 대해서 완전하게 계시하셨기 때문에 선지자의 직무에 합당하시다. 그리스도는 하나님의 뜻을 선포하기 위해 이 땅에 오셨다(요 3:34). 그래서 그리스도는 '언약의 사자'라고 불린다(말 3:1). 구원에 필요한 모든 계시는 그리스도를 통해서 증거되었다(요 1:18). 이러한 증거들은 오류가 없어야 하기 때문에 오직 그리스도만이 이 직무에 적합하시다(계 1:13-16).

2. 그리스도가 하나님의 뜻을 계시하시는 방법은 무엇입니까?

그리스도는 하나님의 뜻을 계시하셨는데 외적으로는 말씀을 통해서, 내적으로는 성령을 통해서 하셨다(벧전 1:11-12). 그리스도는 하나님의 뜻을 외적으로 자신의 교회에 전달하셨다(요 17:8). 그리스도가 하나님의 뜻을 나타내신 것은 구약에서부터다. 시내산에서 모세에게 말씀하셨다(행 7:38). 신약에서 그리스도는 말씀하셨다(히 12:25). 따라서 그리스도가 가르치시는 것은 제사장들과 같지 아니하며 매우 권위가 있는 것이었다(요 7:46).

3. 그리스도가 이 땅에서 가르치실 때 사람들은 어떻게 반응했습니까?

그리스도는 제사장과 바리새인과 서기관들을 비롯해서 많은 사람을 가르치셨다. 그러나 사람들의 반응은 이사야 시대와 같았다(사 53:1). 그리스도의 말씀을 환영하지 않았다(마 11:21). 그들은 그리스도의 말씀에서 유익을 얻지 못했는데, 믿음으로 말씀을 듣지 않았기 때문이다(히 4:2). 그리스도의 외적인 말씀 사역은 일반적으로 효과적이지 못했다. 그리스도의 말씀은 내적으로 성령의 역사가 있어야 한다(요 6:63, 14:26). 성령이 영적인 이해력을 주셔야 하며, 성령이 말씀을 내적인 빛으로 만들어 주셔야 한다(시 119:130). 성령이 영혼으로 복음 안에 있는 구원의 방법의 탁월성과 아름다움을 보게 해주셔야 한다(고전 2:10-12).

> 질문 25. 그리스도는 어떻게 제사장의 직무를 수행하고 계십니까?
>
> 답 | 그리스도는 자신을 하나님의 공의를 만족시키기 위한 단번의 희생의 제물로 드려서 우리를 하나님과 화목하게 하셨고, 우리를 위해서 계속해서 간구하고 계십니다.

1. 그리스도는 이 땅에서 제사장의 직무를 어떻게 감당하셨습니까?

그리스도는 대제사장으로서 하나님 앞에 죄인들을 위해 서셨으며, 그들의 속죄를 위해 자신을 희생의 제물로 드리셨다(히 8:1-3). 그리스도는 모든 선택된 죄인들의 대표로서(사 49:3), 그들의 죄에 대한 하나님의 진노를 담당하셔야 했다. 사람 중에 이 직무를 감당할 수 있는 이는 없다. 왜냐하면 이 직무를 감당하기 위해서는 먼저 자신이 죄가 없어야 하기 때문이다. 그리스도는 제사장으로서뿐만 아니라 자신을 제물로 드리셨다. 그분의 피로 택하신 백성을 구속하시기 위한 것이다(행 20:28).

2. 왜 그리스도가 유일한 제사장이 되십니까?

하나님의 계명을 어긴 죄인들은 반드시 하나님의 저주와 심판을 받게 되어 있다(겔 18:4). 혹은 대신 받아야 할 자가 있어야 한다(왕상 20:42). 이는 하나님의 공의를 만족시키는 것인데(벧전 3:18), 하나님의 속성상 반드시 필요한 것이다. 그런데 피조물인 사람은 자신이 죄인이기 때문에 이 직무를 감당할 수 없다(사 59:2). 오직 그리스도만이 이 직무를 감당하실 수 있다. 그리스도는 기꺼이 택하신 자들의 대표가 되어서 그들의 죄를 자신에게 전가시키셨으며(사 53:5) 자신의 목숨을 제물로 내놓으셨다(요 10:18). 이 제사는 반복되지 않는다. 자신을 드림으로써 완전한 제사를 드리셨기 때문이다. 택하신 백성들의 죄에 대해서 완전하게 지불하셨기 때문이다(히 9:27-28).

3. 그리스도의 속죄 제사는 우리를 어떻게 하나님과 화목되게 하였습니까?

그리스도의 속죄 제사가 하나님의 공의를 만족시켰으며, 하나님의 진노를 가라앉혔다. 그리스도가 하나님의 공의를 만족시키신 효과로서 우리를 하나님과 화해하게 하였다(롬 5:10). 하나님과 원수 된 것이 거두어졌으며(골 1:21-22), 우리에게 속죄 제물(그리스도)을 주신 하나님의 사랑을 발견하게 되고(요 3:16), 하나님을 사랑하게 된다(요일 5:1). 용서함을 경험한 죄인은 하나님께 영원히 빚졌다는 것을 알게 되며, 하나님의 주권에 굴복하고, 하나님의 사랑에 만족하게 된다(시 17:15).

4. 새 언약 아래에서 그리스도의 제사장 직무는 무엇입니까?

구원의 은혜(회심)를 경험한 자는 이제 새 언약 아래에 놓이게 된다(시 89:3, 20). 이 언약을 위해서 그리스도가 피 흘리셨다. 그리스도가 언약의 시행을 위해서 간구하신다(롬 8:34). 그리스도는 하나님 아버지 앞에서 자신의 백성을 위해 간구하신다. 우리의 변호자로서 우리를 위해 기도하신다. 그리스도의 간구는 계속되는 것이며, 우리는 그리스도를 힘입어 하나님의 보좌 앞으로 나아갈 수 있다. 그리스도는 우리의 간구가 하나님이 받으실 만하게 만드신다(엡 2:18). 하나님은 그리스도의 간구에 의해서 그분의 백성들을 기꺼이 축복하신다. 그리스도의 간구는 평안의 상태에 있게 하며(히 7:25) 하나님의 은혜를 입고 있다는 것을 알게 하여 행복한 상태에 있게 한다(요 17:24).

> **질문 26. 그리스도는 어떻게 왕의 직무를 수행하고 계십니까?**
>
> 답 | 우리를 그리스도께 굴복시키시고, 우리를 통치하시고, 우리를 보호하시며, 그리스도와 우리의 모든 원수를 억제하고 정복하심으로 그리스도가 왕의 직무를 수행하고 계십니다.

1. 그리스도의 왕으로서의 직무는 언제 어떻게 수행되고 있습니까?

그리스도의 왕권의 실행은 은혜언약의 약속이 주어지면서 시작되었다(창 3:15). 공식적으로 왕으로 선언되신 것은 그리스도가 인간의 몸을 입고 태어나실 때(마 2:1)와 죽으실 때였다(요 19:18). 그리스도가 왕이시라는 것은 아버지께서 정하신 바이며(시 2:6) 그리스도가 직접 밝히신 것이다(요 18:36). 그리스도가 실제적으로 왕의 직무를 시작하시는 것은 승천하여 하늘 보좌에 등극하시면서다(히 1:3). 그리스도의 영광의 보좌는 하늘에 있으며(계 7:17), 은혜의 보좌는 교회에 있다(히 4:16). 그리스도의 심판의 보좌는 그리스도의 재림 때 세워질 것이다(살전 4:17).

2. 하나님의 선택된 백성에게 그리스도의 왕권은 어떻게 실행됩니까?

그리스도는 하나님의 선택하신 백성들을 자신에게 굴복시키시고(행 15:14), 그들을 다스리시며(사 33:22), 그들을 보호하신다(사 28:16). 그리스도는 성령으로써 말씀을 가지고 고집 센 영혼들을 굴복시켜서(사 66:2) 그리스도를 믿고 붙잡게 하셔서(사 44:5) 어두움의 권세에서 아들의 나라로 옮기신다(골 1:13). 그리스도는 자신에게 굴복된 자들에게 계명을 지키도록 명령하시며(시 147:19) 순종하는 것을 요구하신다. 그리스도는 신자들을 모든 원수와 죄와 마귀, 세상, 죽음으로부터 보호하시고(요일 4:4; 호 13:14), 우리 심령 속에 거룩한 열망을 일으켜 우리 내면에 있는 부패성으로부터 보호하신다(롬 7:24-25).

3. 그리스도는 원수들에 대해서 왕권을 어떻게 실행하십니까?

그리스도는 교회의 머리로서 자신의 백성들의 원수들을 억제하여 원수들의 능력과 힘을 제어하셔서 그들로 그리스도의 백성들을 해하지 못하게 하신다. 그리스도는 이미 자신의 죽음으로 원수들에 대해서 승리를 쟁취하셨다(골 2:15). 따라서 자신의 백성들을 위해서 원수들의 능력과 힘을 계속해서 억제하시는 것이다. 그리스도의 백성들은 새 언약 아래에 있지만 이 세상에서 원수들에 둘러싸여 있기 때문에(눅 10:3) 전능하신 왕의 보호가 절대로 필요하다(롬 8:37). 그래서 그리스도는 자신에 대한 원수와 자신의 백성들의 원수들에 대해서 왕권을 시행하고 계신다(시 110:2).

> **질문 27. 그리스도의 낮아지심은 무엇입니까?**
>
> **답** | 그리스도의 낮아지심은 그리스도의 태어나심과 비천한 지위에 있으신 것과 율법 아래에 있으신 것과 이 땅에서 비천함에 있으신 것과 하나님의 진노와 십자가에서 저주의 죽음을 받으시고, 얼마 동안 죽음의 권세 아래에 있으셨던 것입니다.

1. 그리스도의 낮아지심에서 무엇을 깨달아야 합니까?

그리스도는 아버지의 영광과 함께 계셨다(요 17:5). 가장 높은 자리에서 자발적으로 사람으로 오신 것이다. 이는 사람들을 사랑하셨기 때문이다(롬 5:6). 그리스도가 여자의 몸에서 나신 것과 낮은 신분의 상태로 오신 것(눅 2:4-5, 7)과 고난을 받으신 것 그리고 죽임을 당하신 것은 모두 잃어버린 자들을 구원하시기 위한 것이다(시 40:2). 그리스도가 부요한 자이시지만 낮고 천한 신분이 되신 것은 가난한 자로 부요한 자가 되게 하시기 위한 것이다(고후 8:9). 이는 우리로 그리스도의 은혜에 대해 마땅히 찬양하고 감사하게 한다.

2. 그리스도는 이 땅에서 자신을 어떻게 낮추셨습니까?

그리스도는 율법 아래에 있는 자들을 구속하기 위해서 율법 아래에 나셨다. 율법 아래에서 완전한 순종을 하셨다(갈 4:4-5). 기꺼이 자신을 낮추어서 율법에 대해서 순종하셨다. 율법의 제정자이신 그리스도가 자신을 낮추어 율법 아래에 두신 것이다. 율법 아래에 있는 자들은 자신들의 범법 행위로 인하여 하나님의 심판이 불가피하다. 스스로 심판에서 빠져나올 수 없다. 그리스도는 이들의 부채를 해결하기 위해서 율법 아래에 자신을 두셨고, 완전한 순종을 하셨다. 그리스도는 이 땅의 비참한 상태에 자신을 두셨다. 마귀의 공격과 이 땅에서의 슬픔과 배고픔, 피곤함 가운데 계셨다(히 4:15). 하나님의 진노를 지시기 위한 것이었다(사 53:8).

3. 그리스도는 이 땅에서 하나님의 진노를 어떻게 받으셨습니까?

그리스도는 하나님의 선택된 백성들의 보증인으로 하나님의 진노를 받으셨다. 하나님은 그들의 죄를 그리스도께 전가시키셔서(사 53:6) 하나님의 진노를 받게 하셨다. 그리스도는 십자가에 돌아가시기 전에 동산에서 슬픔과 괴로움 가운데 기도하셨다(마 27:46). 이것은 하나님의 죄인들을 구속하시기 위한 방법이었다(사 53:10). 또한 그리스도는 십자가에서 저주의 죽음을 당하셨다. 하나님은 언약을 어긴 것에 대한 모든 진노를 그리스도께 쏟아부으셨다(갈 3:13). 이로써 그리스도는 율법의 저주로부터 우리를 구속하셨다. 더욱이 죽음 이후에 그리스도는 자신을 낮추셨는데, 장사되셨으며, 잠시 동안 죽음의 권세 아래에 계셨다(고전 15:4). 그리스도의 죽음은 우리의 구원을 위한 것이며, 그리스도의 피로 말미암아 죄 사함 받는다는 것을 확신시켜 준다(엡 1:7). 더욱이 그리스도가 낮아지신 것과 같이 우리도 낮아져야 한다는 것을 가르쳐 준다(마 11:29).

> 질문 28. 그리스도의 높아지심은 무엇입니까?
>
> 답 | 그리스도의 높아지심은 장사된 지 3일 만에 죽음에서 부활하신 것과 하늘로 승천하셔서 하나님 아버지의 우편에 앉으신 것과 마지막 날에 세상을 심판하러 오시는 것입니다.

1. 그리스도의 낮아지심에 곧바로 높아지심이 있는 이유는 무엇입니까?

그리스도는 십자가의 죽음에 이르기까지 자신을 낮추셨다. 따라서 하나님은 그리스도를 죽음에서 부활하게 하심으로 높이셨다(빌 2:8-9). 이는 하나님의 적당한 보상이라고 할 수 있다. 하나님이 그리스도를 부활로 높이신 것에는 목적이 있다. 우리의 소망과 믿음이 하나님께 있게 하시려는 것이다(벧전 1:21). 더욱이 하나님은 그리스도께 '주'라는 칭호를 부여하셨으며 모든 무릎이 그리스도께 꿇도록 하셨다. 그리스도는 모든 이름 가운데 뛰어난 이름을 가지셨다. 그리스도는 이 세상의 구주로 높이심을 받으신다. 모든 성도는 자신들의 구세주로서 그리스도를 찬양해야 한다(계 5:9).

2. 그리스도의 높아지심의 첫 번째는 무엇입니까?

그리스도는 죽음에서 부활하시어 지상에서 40일을 계셨다. 그리스도의 부활은 그 원인을 하나님 아버지께 돌린다(엡 1:20). 하나님이 우리 주 그리스도의 아버지이신 것을 증거한다. 하나님은 산 자의 하나님이신 것을 의미한다(마 22:32). 더욱이 그리스도는 자신의 죽음으로 하나님 나라를 사셨기 때문에 부활하시어 그것을 소유하셔야 한다(롬 14:9). 그리스도의 부활은 우리의 믿음에 중요하다. 부활이 없다면 우리의 믿음이 헛것이며, 우리는 여전히 죄 가운데 있게 된다(고전 15:17). 그리스도의 부활은 마지막 날 부활의 보증이다(고전 15:20).

3. 그리스도의 높아지심의 두 번째는 무엇입니까?

부활에 이어서 그리스도는 하늘로 승천하셨다(행 1:9). 그리스도가 거룩한 곳으로 들어가셨다(히 9:12). 그리스도가 하늘로 승천하시는 것을 열한 제자가 보았다(행 1:9). 그리스도의 승천에는 위엄이 있었다. 죄와 죽음과 마귀의 권세를 파하고 승리하면서 하늘로 올라가신 것이다. 그리스도가 하늘로 올라가신 증거는 그분이 성령을 부어 주신 것에 있다(행 2:1, 3-4). 그리스도는 하늘에서 자신의 백성들을 위해 처소를 예비하신다(요 14:2-3). 그리스도가 하늘에 올라가신 것은 우리에게 다시 오실 것을 확실히 하는 것이며, 그분이 계신 곳에 우리가 있을 것이다(요 14:3).

4. 그리스도의 높아지심의 세 번째는 무엇입니까?

그리스도가 하나님 보좌 우편에 앉으신 것이다(엡 1:20). 그곳은 가장 영화로운 자리다(행 2:35). 앉으셨다는 것은 안식한다는 의미도 있지만(미 4:4), 권위와 능력을 나타내는 말이다(슥 6:13). 그리스도가 권위와 능력을 가지고 교회의 머리로서 통치하시는 것을 의미한다(엡 1:21-22). 하나님 우편에 계시는 이유는 그분의 백성들을 대표하시고, 원수들을 발아래 둘 때까지 다스리시기 위한 것이다(엡 2:6; 시 72:9). 그리스도가 십자가에서 이미 승리하셨지만 최종적으로 원수들을 물리치기까지 계시는 것이다(계 20:10, 14). 그리스도가 하나님 나라를 완성하여 아버지께 바치실 것이다(고전 15:24). 따라서 우리는 그리스도가 계신 하늘의 것을 찾고 구해야 한다. 우리의 마음을 이 땅에 두지 말고 하늘에 두어야 한다(골 3:1-2).

5. 그리스도의 높아지심의 네 번째는 무엇입니까?

마지막 날 세상을 심판하려고 오시는 것이다(계 1:7; 요 12:48). 아버지께서 모든 심판을 아들에게 맡기셨다(마 25:31). 그리스도가 낮아지셔서 아버지께 모든 순종을 하셨기 때문이다(빌 2:8-10). 그리스도가 천군 천사와 함께 영광스럽게 나타나 세상을 각 사람의 행위에 따라 의로 심판하실 것이다(행 17:31). 눈에 보이는 심판주로서 심판을 행하실 것이다(딤후 4:8). 하나님의 의로우심과 선하심이 마지막 심판을 요구하고 있다. 이날을 '마지막 날로 부르는 이유는 더 이상 시간이 존재하지 않아서다. 의로운 자에게는 영원한 기쁨이, 악인에게는 영원한 어두움이 있을 것이다(마 24:30).

6장

질문 29-38

성령의 구속의 적용

> **질문 29.** 그리스도에 의해 마련된 구속에 우리가 어떻게 참여합니까?
>
> **답 |** 성령이 우리에게 그리스도에 의해 마련된 구속의 은혜를 유효하게 적용하심으로써 우리가 참여하는 것입니다.

1. 구속의 의미는 무엇입니까?

구속이라는 것은 종과 포로 상태에서 대가를 지불하여 건져 주는 것을 의미한다. 죄인인 우리는 죄로 인하여 종의 상태에 있을 수밖에 없다(엡 2:3). 더욱이 우리 스스로 대가를 지불하여 자신을 건져 낼 수 없다. 그 대가가 너무 비싸서 할 수 없다(고전 6:20). 결국 누군가가 우리의 죄에 대한 대가를 지불해야 팔려 나가는 것을 피할 수 있다. 그리스도가 피를 흘리심으로 대가를 지불하셨다(벧전 1:19). 우리를 죄로부터 구속하셨다(히 9:26). 우리를 죄의 힘으로부터 구속하셔서 더 이상 죄의 지배를 받지 않게 되었다. 이러한 구원의 방법은 복음에 잘 드러나 있다(시 130:7-8).

2. 우리 스스로 구속을 적용할 수 있습니까?

그리스도가 자신의 피로 구속을 마련하셨다. 그리고 구속의 은덕들이 은혜로써 주어지는 것이다. 이렇게 그리스도가 마련하신 구속의 은덕들을 우리 스스로의 힘으로 자기 자신에게 적용할 수 없다. 사람은 죄와 허물로 죽었기 때문이며, 영적인 것을 선호하지 않고(요 5:40), 의지가 이러한 것을 거부하기 때문이다(롬 8:7). 영적으로 죽었기 때문에 그리스도가 행하신 구속의 은혜를 소중히 여기거나 필요로 하지 않는다. 그것의 가치를 모르기 때문이다(고전 2:14). 사람은 거듭나지 않은 자연적 상태에서 죄가 훨씬 자연스러우며 죄에서 벗어나고 싶은 마음이 없다(요 8:34, 42-45). 따라서 거듭나지 않은 상태에서는 구속을 필요로 하지 않는다.

질문 30. 그리스도가 확보하신 구속을 성령이 어떻게 적용하십니까?

답 | 그리스도가 확보하신 구속을 성령이 우리 안에 믿음이 일어나게 하심으로 그리고 우리를 유효한 부르심 가운데 그리스도께 연합되게 하십니다.

1. 구속의 은혜를 적용하기 위해서 필요한 것은 무엇입니까?

성령에 의한 유효한 적용의 역사가 있어야 한다(딛 3:5-6). 성령이 죄인들의 눈을 열어 어두움에서 빛으로, 마귀의 권세로부터 하나님께로 돌아가게 하시는 역사가 있어야 한다(행 26:18). 하나님 아버지께서 선택하셨으며, 아들이 구속을 마련하셨고, 성령이 적용하시는 것이다(요 6:57, 63). 아들이 이를 위하여 성령을 보내셨으며, 성령이 그리스도의 구속을 적용하시는 것이다(히 9:14). 성령의 유효한 역사를 위하여 하나님의 말씀을 들어야 하며(롬 10:17) 읽어야 한다(딤후 3:15-16). 이러한 수단 자체가 능력이 있는 것이 아니라 성령의 역사가 수반될 때 유효하게 되는 것이다(살전 1:5). 물론 그리스도를 증거하는 성령의 역사를 위해 기도해야 한다(요 15:26).

2. 그리스도가 마련해 놓으신 구속의 은덕들은 어디에 있습니까?

그리스도 안에 있다(요 3:35; 요일 5:12). 따라서 그리스도 안에 있는 구속의 은덕들을 누리기 위해서는 그리스도께 연합되어야 한다(고전 6:17). 그리스도께 연합되게 하는 것은 믿음이다. 그리스도에 대한 믿음이 있어야 그리스도께 연합되고, 그리스도 안에 있는 구속의 은덕들이 믿는 자들에게 흘러들어오는 것이다. 따라서 성령이 믿음을 발생하게 하시는 역사가 있어야 한다(엡 3:17). 그래서 성령을 '믿음의 성령'이라고 부른다(고후 4:13).

3. 성령이 믿음을 어떻게 발생시키십니까?

성령은 사람들이 죄인이라는 사실을 깨닫게 하시고 하나님의 심판에 직면해 있음을 알게 하신다(요 16:8). 죄를 깨달은 죄인들은 하나님의 용서가 필요하다는 것을 알고 구하게 된다. 이때 성령이 그들의 심령에 역사하셔서 그리스도 안에 용서와 자신들의 불의를 덮을 수 있는 의로움이 있다는 것을 알게 하신다(막 2:17). 성령이 이때 의지를 갱신하여 그리스도께로 기꺼이 나아가도록 하시며(요 1:13) 구원의 은덕들을 찾고 구하게 하신다(마 13:45). 그래서 죄인은 구원의 은덕들이 그리스도 안에 있다는 것을 알고 이를 얻기 위해 그리스도께로 달려가며, 그리스도를 붙잡게 된다. 이 모든 것은 믿음을 일으키시는 성령의 역사다.

질문 31. 유효한 부르심은 무엇입니까?

답 | 유효한 부르심은 성령의 사역으로서, 우리로 죄와 비참함을 깨닫게 하시고, 그리스도를 아는 지식으로 우리의 마음을 깨우치시고, 우리의 의지를 갱신시키시며, 우리를 설득하셔서 복음 안에서 우리에게 값없이 주시는 그리스도를 붙잡는 것을 가능하게 하십니다.

---

1. 성령의 유효한 부르심의 첫 번째 단계는 무엇입니까?

죄와 비참함을 깨닫게 하신다(행 2:37). 성령이 죄를 깨닫게 하실 때 원죄는 물론 자범죄를 알게 하시고, 특별히 불신앙의 죄를 알게 하신다(요 16:9). 우리가 하나님과의 교제가 끊어진 것을 알게 하시고(고후 6:14-15), 하나님의 진노와 저주 아래 있다는 것을 깨닫게 하신다(사 33:14). 성령이 특별히 율법을 사용해 죄를 알게 하시고(롬 3:20), 죄의 악한 성질까지도 알게 하신다(롬 7:7). 성령은 죄에 대한 각성이 일어나게 하실뿐더러 죄로 인한 두려움 가운데 있게 하신다. 이것을 '종의 영'이라고 부른다(롬 8:15). 성령이 유효한 부르심을 이렇게 시작하시는 이유는 사람들 스스로 자신을 회복할 수 없으며, 구원할 수 없다는 것을 인정하게 하시는 것이다(롬 7:9).

2. 성령의 유효한 부르심의 두 번째 단계는 무엇입니까?

성령이 영혼을 각성시켜 영적 이해력을 주시는 것이다(엡 1:18). 성령의 조명의 역사로 그리스도를 아는 지식을 갖게 하신다(빌 3:8). 성령을 '지혜와 계시의 영'이라 부른다(엡 1:17). 성령의 역사로 어두움과 무지에서 벗어날 수 있다(고전 2:14; 엡 5:8). 성령은 그리스도의 영으로 그리스도에 대한 지식을 제공하는데, 그리스도의 직무와 의로움, 완전하심을 알게 하신다(요 15:26). 성령이 구원의 지식을 주셔서 죄인으로 그리스도께 달려가게 하시는 것이다(시 9:10). 이때 성령이 사용하시는 수단은 복음이다(롬 10:17).

3. 성령의 유효한 부르심의 세 번째 단계는 무엇입니까?

성령이 의지를 갱신시키신다(시 110:3). 의지가 갱신되기 이전에는 구원과 관련된 영적인 것을 택하지도 않으며, 택할 수도 없다. 더욱이 어떤 사람도 자신의 의지를 새롭게 할 수 없다(렘 13:23). 우리의 본래의 자연적 성향은 그리스도에 대해 적대감으로 가득 차 있었다(요 5:40). 따라서 오직 성령이 심령에 새로운 영적 성향을 심어 주셔야만 영적인 것을 선택하며, 그것에 대해 마음이 향할 수 있다(겔 36:26). 성령이 의지를 갱신시키셔야만 그리스도를 붙잡을 수 있다(요 1:13). 이러한 성령의 역사는 오직 선택된 자들에게 있는 것이다(행 13:48).

> 질문 32. 이생의 삶 속에서 유효한 부르심을 입은 자들이 얻는 유익들은 무엇입니까?
>
> 답ㅣ이생에서 유효한 부르심을 입은 자들이 얻는 유익은 칭의, 양자 됨, 성화 그리고 그것들로부터 얻는 여러 가지 유익들입니다.

1. 유효한 부르심과 관련된 유익들은 무엇입니까?

유효한 부르심으로 인해 발생된 믿음을 가지고 그리스도를 믿음으로 그리스도께 연합된다. 그리스도께 연합되면 그리스도의 의로 의롭다 함을 받고(빌 3:9), 하나님을 향하여 새로운 관심이 일어나며, 하나님을 '아버지'라 부르게 된다(요 20:17; 롬 8:15). 그리스도에 대한 연합으로 머리이신 그리스도로부터 영향을 받아 거룩한 삶이 일어나게 된다(엡 1:23). 마지막 날에 의인의 부활에 동참할 것을 확신하게 된다(고전 15:20). 신자가 그리스도께 연합되어 얻는 은덕들은 죽음으로 끝나지 않는다(롬 8:38-39).

> 질문 33. 칭의는 무엇입니까?
>
> 답 | 칭의는 하나님의 값없이 주시는 은혜의 행위이며, 하나님이 우리의 모든 죄를 용서하시고, 그분의 눈에 우리를 의로운 자로 받아 주시며, 이것은 우리에게 그리스도의 의를 전가하시는 것이며, 오직 믿음으로만 받는 것입니다.

1. 칭의의 의미는 무엇입니까?

칭의는 법정적인 용어로서, 정죄에 대한 반대 의미다. 법정에서 죄인들에게 유죄를 선언하는 것에(시 109:7) 대한 반대 의미로, 죄가 없다고 선언하는 것이다. 이는 의로운 자라고 선언하는 것이다(롬 3:26). 의롭게 하시는 분은 하나님이시다(롬 8:33). 하나님 아버지께서 권위를 가지고 의로운 자라고 선언하시는데(롬 3:26), 그리스도가 율법을 지켜 의를 이루신 것이며(롬 10:4), 성령이 그리스도의 의를 적용하시는 것이다(딛 3:5). 칭의 이전에 죄인의 상태는 유죄 상태로서(롬 3:9), 정죄와 하나님의 진노 아래 있다(갈 3:10). 그러나 믿음으로 그리스도께 연합되어 그리스도의 의 가운데 있는 자들을 아버지께서 의로운 자라고 선언하시는 것이다(사 45:25). 이것을 하나님의 행위라고 부르는 이유는 재판장이 단번에 선고하는 것이기 때문이다(신 25:1). 하나님 아버지께서 그리스도 안에 있는 구속을 통해 은혜로 의로운 자라고 선언하시는 것이다(롬 3:24). 그리스도는 의롭다 하시는 은혜를 우리에게 흘러들어오게 하는 통로가 되신다(엡 1:7).

2. 칭의의 첫 번째 구성 요소는 무엇입니까?

죄를 용서해 주시는 것이다. 하나님 아버지께서 그리스도의 속죄를 근거로 죄인들을 율법의 정죄에서 용서해 주시는 것이다(롬 8:1). 의로운 자로 받아 주시기 전에 먼저 죄 용서가 필요한 이유는 율법을 어긴 것에 대한 선고를 없애기 위해서다(히 8:10-13). 죄 용서는 죄책과 영원한 하나님의 진노에 대한 책임을 없앤다(엡 2:3). 마땅히 받아야 할 형벌로부터 방면되는 것이다. 그리스도 안에 있는 자에게는 정죄가 없다(롬 8:1).

3. 칭의의 두 번째 구성 요소는 무엇입니까?

하나님이 우리를 의로운 자로 받아 주시는 것이다(롬 6:7). 이는 죄인들에게 의로움이 있어서가 아니라 오직 그리스도의 의로움 때문이다(렘 23:6; 사 45:24). 이는 그리스도 안에 있음으로 인하여 얻는 은덕이다. 그리스도의 의가 우리를 의로운 자로 여기게 한다. 그리스도는 율법에 대한 완전한 순종과 아버지에 대한 완전한 순종으로 의를 확보하셨다. 그리스도의 의가 우리에게 전가되어서(롬 4:6) 하나님이 율법을 완전히 순종한 자처럼 우리를 받아 주시는 것이다(롬 8:4; 고후 5:21). 의의 전가가 없다면 우리는 법적으로 영원한 죽음으로부터 안전하지 않으며(롬 5:9) 영원한 생명에 대한 법적 권리도 없다(롬 6:23). 하나님은 우리의 죄를 그리스도께 전가하여 그리스도가 모든 심판을 받게 하셨고, 그리스도의 순종으로 획득한 의를 믿는 자에게 전가해 의로운 자로 받아 주시는 것이다.

4. 칭의에 있어 도구적 원인은 무엇입니까?

외적인 원인과 내적인 원인이 있다. 외적인 도구적 원인은 복음이다. 복음에 하나님의 의로움이 계시되었다(롬 1:17). 내적인 원인은 믿음이다(롬 10:10). 믿음이 우리가 의롭게 되는 도구가 된다. 이는 칭의가 하나님의 선물이라는 것을 보여 준다. 믿음은 마치 손과 같이 그리스도의 의로움을 받으며, 이로써 우리가 의롭게 된다. 오직 믿음으로 그리스도의 의를 받아들이는 것이다(롬 3:22). 칭의에 있어서 우리의 행위는 철저히 배제된다. 성령이 유효한 역사를 적용하실 때 이미 자신의 행위로 율법을 온전히 지킬 수 없다는 것을 인정하게 하시고, 오직 하나님이 마련하신 구원의 은덕을 얻고자 하는 심령을 만들어 놓으셨기 때문이다(롬 3:28).

질문 34. 양자 됨은 무엇입니까?

답 | 양자 됨은 하나님의 값없이 주시는 은혜로서, 이로써 우리는 하나님의 자녀 가운데 하나로 받아들여지며, 하나님의 아들들의 모든 특권에 권리를 가지는 것입니다.

1. 양자 됨이 하나님의 값없이 주시는 은혜인 이유는 무엇입니까?

양자 됨이라는 것은 인류 가운데 특정한 사람들을 하나님의 가족으로 받아들여서 하나님의 모든 은덕과 사랑을 받게 하는 것인데(엡 1:5), 원래 그들은 벌거벗은 불쌍한 죄인들이었기 때문이다(계 3:17). 이것을 하나님의 행위라고 부르는 것은 단번에 일어난 것이기 때문이다(롬 3:19). 인류 가운데 하나님의 가족으로 받아들여지는 사람들의 숫자는 정해져 있다(요 17:2, 9, 12). 하나님의 가족으로 받아들여지는 수단은 믿음이다(갈 3:26). 믿음은 우리로 그리스도께 연합하게 하며, 그리스도 안에서 양자로 받아들여지는 것이다(갈 4:4-5).

2. 하나님의 자녀가 되어 얻는 특권들은 무엇입니까?

양자 됨으로 하늘의 시민권을 얻게 되며(엡 2:19), 하늘의 유업을 받게 된다. 거룩한 백성이 되며 제사장과 왕과 같은 존재가 된다(벧전 2:9). 하나님의 자녀로서 죄와 율법의 저주로부터 자유를 누리게 된다(요 8:36). 하나님을 '아버지'라고 부르면서 언제든지 하나님께 담대하게 나아갈 수 있다(롬 8:15). 하나님의 자녀는 모든 약속의 유익을 얻을 수 있다. 약속은 하나님의 자녀에게 양식에 해당된다(히 6:17). 징계를 통해서 우리는 고침을 받는다(히 12:10). 양자 됨의 특권 가운데 하나는 성령의 위로를 받는 것이다(요 7:38-39, 16:7).

3. 양자 됨의 증거는 무엇입니까?

양자 됨의 가장 우선 되는 증거는 하나님을 사랑하는 것이다(요일 5:1). 하나님을 사랑하는 것은 하나님의 계명을 즐겁게 지키는 것이다(요일 5:3). 또한 하나님의 가족에 들어와 있는 다른 형제들을 사랑하게 되어 있다(요일 5:1-2). 자녀들이 아버지를 닮듯이 하나님을 닮아 가게 되어 있으며(요일 3:2), 양자 된 자들은 아버지의 음성을 알고 그 음성을 따라간다(요 10:4). 자녀들이 아버지와 동행하는 것을 즐거워하듯이 하나님과 동행한다(롬 8:15). 아버지가 자신들에게 가까이 있는지 혹은 떨어져 있는지 여부를 자녀들이 확인하듯이 하나님의 임재에 대한 관심이 지극하다(시 63:1).

질문 35. 성화는 무엇입니까?

답 | 성화는 하나님의 값없이 주시는 은혜이며, 이로써 우리가 하나님의 형상을 좇아 온 사람이 갱신되며, 죄에 대해서 더욱 죽을 수 있으며, 의에 대해서 더욱 살아갈 수 있습니다.

---

1. 하나님의 은혜로 거룩하게 되었다는 것은 무엇을 의미합니까?

성화는 결정적 성화(definitive sanctification)와 점진적 성화(progressive sanctification)로 구분한다. 결정적 성화는 믿음으로 그리스도 안에 있음으로 성령의 역사로 단번에 구별되었다는 것을 의미한다. 거룩한 용도를 위해서 성도로 구별되었다는 것이다(고전 1:2). 죄인은 스스로를 거룩하게 구별할 수 없다(욥 14:4). 이는 성령의 특별 사역이다(살후 2:13). 하나님이 특정한 사람들을 이렇게 구별하셔야 하는 책임과 의무는 없다. 하나님이 특정한 사람들을 구별하시는 것은 주권적 은혜이며 하나님 자신의 즐거움 가운데 나온 것이다(빌 2:13).

2. 점진적으로 거룩하게 되는 이유는 무엇입니까?

그리스도 안에서 거룩하게 되었지만(결정적 성화) 신자는 아직 세상에 살고 있으며, 육신 가운데 있으며, 신자를 유혹하는 마귀가 있기 때문에 점진적으로 거룩하게 된다. 이를 '점진적 성화'라고 부른다(빌 1:6; 골 3:10). 점진적 성화는 '실제적 성화'(actual sanctification)라고도 부르며(엡 2:10), 죄에 대해서 죽은 것(mortification)과 의에 대해서 살아가는 것(vivification)으로 구성된다. 신자가 세상과 육신 가운데 있기 때문에 내면에 죄의 힘이 남아 있어 성령으로 죽여야 한다(롬 8:13).

죄에 대해서 죽는다는 것은 죄를 미워하고 죄에 대해 싸우는 것을 포함한다(롬 6:6). 이는 자연적인 힘과 능력으로 되는 것이 아니며, 오직 성령에 의해 되는 것이다. 의에 대하여 사는 것은 하나님의 법에 일치하는 삶을 추구하는 것을 의미한다. 물론 점진적 성화는 이 땅에서 완전함에 이른다는 것을 의미하지 않는다. 따라서 죽음에 이르거나 그리스도가 다시 오실 때까지 성령의 도우심을 받아야 하는 것이다.

3. 성화를 하나님 형상의 회복으로 말하는 이유는 무엇입니까?

유효한 부르심은 하나님 형상의 회복의 시작이다. 성화에서 온 사람이 하나님의 형상으로 갱신된다. 성화는 정도가 있는데, 결국 영광의 완전한 데까지 이르는 것이다(빌 1:6). 심령에 심긴 은혜의 원리가(겔 36:26-27) 성령으로 확장되고 성장되어 몸과 영혼 전체에 영향을 미치는 것이 성화다(엡 2:10). 하나님의 형상은 지식과 의로움과 거룩함으로 구성돼 있다(골 3:10; 엡 4:24). 성화는 그리스도 안에서 성령의 역사로 된다. 거듭나도 부패성이 심령에 남아 있기에 성령으로 부패성을 죽여야 한다(롬 8:13). 성령으로 의와 거룩함을 추구해 하나님 형상의 회복으로 나아가는 것이다.

4. 칭의와 성화는 어떻게 구별됩니까?

칭의와 성화는 구별되지만 분리될 수 없다(롬 8:30). 그러나 칭의와 성화는 여러 측면에서 구별된다. 칭의는 그리스도의 의와 관계되며, 성화는 그리스도와 신자의 교통과 관련된다(요 15:4-5; 갈 2:20). 칭의는 그리스도의 의가 우리에게 전가되는 것이며, 성화는 그리스도의 은혜가 우리 안에 심긴 것이다. 칭의는 관계적인 변화를 의미하지만, 성화는 실제적인 변화를 뜻한다. 따라서 칭의로 신분의 변화가 일어나고, 성화로써 심령과 삶에 변화가 일어난다(겔 36:26). 칭의는 단번에 이루어지는 완전한 것이지만, 성화는 점진적으로 일어나는 것이다. 한편으로, 칭의와 성화가 분리될 수 없는 것은 칭의의 증거가 성화이기 때문이다. 거룩함을 추구하는 성화가 보이지 않는다면 칭의가 일어나지 않은 것이다(약 2:18).

5. 성화가 반드시 필요한 이유는 무엇입니까?

성화가 없다면 칭의가 일어나지 않은 것이다. 반면에, 삶 속에서 거룩을 추구하는 성화가 있다면 그 영혼에게는 칭의가 일어난 것이다. 성화는 칭의의 증거 부분이기 때문에 반드시 있어야 한다. 그런데 하나님이 우리를 선택하실 때 목적이 있는데, 그것이 성화다(엡 1:4; 롬 8:29). 즉 성화가 있어야 그가 선택된 백성인지 확인할 수 있다. 더욱이 그리스도는 열매로 나무를 확인하겠다고 하셨다(마 12:33, 7:20). 성화가 없다면 그는 구원 백성이 아니라는 것이다. 따라서 거룩함이 없이는 아무도 주를 보지 못한다고 성경은 말한다(히 12:14). 성화는 하나님이 우리를 부르신 목적이기에(살전 4:7) 그리고 구원의 부분이면서 증거이기에 반드시 있어야 한다.

> 질문 36. 칭의, 양자 됨, 성화로부터 이 땅의 삶 가운데 얻는 유익들은 무엇입니까?
>
> 답 | 칭의, 양자 됨, 성화로부터 이 땅의 삶 가운데 얻는 유익들은 하나님의 사랑에 대한 확신과 양심의 평안, 성령 안에서의 기쁨, 은혜의 증가, 마지막까지의 견인입니다.

1. 칭의, 양자 됨, 성화를 인식함으로 얻는 첫 번째 유익은 무엇입니까?

하나님의 사랑에 대한 확신을 얻는다(롬 5:5). 신자들은 때때로 자신의 은혜의 상태에 대해서 의심을 갖게 되고 두려움 가운데 있기도 한다(사 49:14). 죄를 짓거나 성령을 근심시키면서 의심의 상태에 빠지기도 한다 (엡 4:30). 그러나 이러한 상태에서 의롭다 여김을 받은 것을 생각할 때 하나님의 사랑에 대해서 확신하게 되고 의심에서 벗어날 수 있다(시 103:3-4). 물론 양자 됨을 생각하면서 자신이 하나님의 가족의 일원이 되었다는 생각에 두려움에서 빠져나올 수 있다(시 103:13). 성화의 상태를 인식함으로 육신과 부패성을 죽이려는 수고를 함으로 하나님의 사랑에 대한 확신을 얻는다.

2. 칭의, 양자 됨, 성화를 인식함으로 얻는 두 번째 유익은 무엇입니까?

내적으로 마음의 고요함과 평안함을 얻는다. 칭의와 양자 됨과 성화가 없는 자들은 결코 양심의 평안을 얻을 수 없는데, 죄인이기 때문이다 (사 57:21). 칭의로부터 흘러나오는 양심의 평안은 그리스도의 보혈이 하나님의 진노를 가라앉혔다는 것에서 온다(히 10:22). 그리스도 안에서 하나님이 우리의 아버지이시라는 것은 양심의 평안을 준다(렘 3:4). 신자로서 거룩의 의무를 감당할 때 성령이 도우시는 것을 인식함으로 양심의 평안을 얻는다(시 138:3). 물론 신자가 양심의 평안을 항상 가지고 있는 것은 아니다. 자신이 이루어 놓은 것에 안주하거나(시 30:6-7), 마귀의 유혹에 자신을 내주고(수 7:21), 세상적인 것을 안전 보장으로 삼으면 양심의 평안을 잃어버릴 수 있다. 따라서 영적으로 주의를 기울이고 하나님을 기쁘시게 하는 노력이 필요하다(시 119:165).

3. 칭의, 양자 됨, 성화를 인식함으로 얻는 세 번째 유익은 무엇입니까?

성령 안에서의 기쁨이다. 먼저 칭의로 인하여 성령 안에서의 기쁨을 얻는데, 그리스도의 보혈로 인하여 우리가 거룩한 곳에 들어갈 수 있기 때문이다(히 10:19). 성령이 친히 우리가 하나님의 가족이 되었다는 것을 증거하심으로 기쁨을 갖는다(롬 8:15-16). 성화로부터 성령의 기쁨을 누리는데, 성령이 친히 그들의 의무 수행에 대해서 신실성을 증거하시기 때문이다(고후 1:12). 성령 안에서 얻는 기쁨은 이 세상의 것을 통하여 얻는 일시적인 기쁨과 구별된다(마 13:20). 성령 안에서 얻는 기쁨은 성령이 거룩하게 하시고(고후 3:18), 영혼을 생동감 있게 하시며(느 8:10), 겸손하게 하시는(욥 42:5-6) 것으로부터 오는 것이다.

4. 칭의, 양자 됨, 성화를 인식함으로 얻는 네 번째 유익은 무엇입니까?

은혜의 증가다. 그리스도께 연합되어 있음으로 일어나는 은혜의 증가다(골 2:19). 이는 그리스도의 풍성함이 그 원인이다(히 5:11-12). 칭의로부터 은혜의 성장이 있는 이유는 하나님을 섬기는 것에 있어서 법적으로 자유롭기 때문이다(갈 5:1). 양자 됨으로부터의 은혜의 증가는 새로 태어난 아이가 신령한 젖을 사모하기 때문이다(벧전 2:2). 그리스도 안에서 그리스도를 닮고자 하기 때문에 은혜의 증가가 있다(요일 3:2). 만약 성장이 멈추었다면 믿음이 기능하지 않고 있다는 증거인데(시 27:13), 믿음은 그리스도께 있는 은혜가 신자에게 흘러들어오게 하는 도관(pipe)과 같기 때문이다. 이런 경우 자기 점검이 필요하다(고후 13:5).

5. 칭의, 양자 됨, 성화를 인식함으로 얻는 다섯 번째 유익은 무엇입니까?

은혜의 상태를 지속하고, 경건의 실천을 습관화하고, 마지막까지 믿음을 지키는 것이다(요 10:28). 진정으로 의롭다 여김을 받았고, 양자로 받아들여졌으며, 성화 가운데 있다면 은혜의 상태에서 떨어져 타락에 이르지 않는다. 그리스도 안에서 그리스도가 지키시기 때문이다(요 17:12). 이는 선택의 불변성(렘 31:3)과 그리스도와의 연합을 누구든지 끊을 수 없다는 것과(롬 8:38-39), 그리스도의 중보하심(눅 22:32), 성령의 내주하심(요 14:16), 하나님의 능력으로 인한 것이다(벧전 1:5). 이러한 견인의 은혜는 의롭다 하시며, 양자로 받아 주셨고, 성령을 주셔서 신자에게 내주하게 하신 하나님의 신실하심과 선하심으로부터 나온다(요 14:16-18).

질문 37. 신자들이 죽을 때 그리스도로부터 받는 유익들은 무엇입니까?

답 | 신자들이 죽을 때 신자의 영혼은 완전히 거룩해지며, 즉시 영광으로 들어갑니다. 그리고 그들의 몸은 여전히 그리스도께 연합되어서 부활 때까지 그들의 무덤에서 쉽니다.

---

1. 신자의 죽음과 불신자의 죽음은 어떤 차이가 있습니까?

신자가 죽을 때에는 은혜언약의 약속에 따라서 사망의 쏘는 침이 없다(고전 3:22). 그러나 불신자가 죽을 때에는 행위언약의 위협에 따라서 사망의 쏘는 침이 있다. 사망의 쏘는 침이란 죄로 인한 저주를 말한다(고전 15:56; 갈 3:10). 신자를 위해 그리스도가 자신의 영혼과 몸으로 사망의 쏘는 침을 받으셨다. 그리고 하나님이 죽음에 대한 승리를 약속하셨다(사 25:8). 그리스도가 신자들을 위해서 사망의 쏘는 침을 무장해제하셨다(고전 15:57). 신자들은 죽을 때 그리스도로부터 여러 가지 유익을 얻게 된다.

2. 신자들이 죽을 때 영혼과 관련하여 그리스도로부터 받는 유익들은 무엇입니까?

주께서 자신을 부르실 때 '아브라함의 하나님, 이삭의 하나님, 야곱의 하나님'이라고 하셨다. 아브라함과 이삭과 야곱이 이미 죽었음에도 불구하고 이렇게 자신을 부르셨는데, 이는 그들의 영혼이 죽지 않았다는 것을 의미한다. 더욱이 하나님은 죽은 자의 하나님이 아니라 산 자의 하나님이시다(마 22:32). 또한 성경은 신자의 죽음을 이 땅에서 떠나 하늘의 거주지로 옮겨지는 것으로 말하고 있다(고후 5:1). 신자가 죽음을 통해서 영혼은 완전히 거룩해지는데, 더 이상 죄 된 상태에 있지 않게 되었다는 것이다. 모든 죄로부터 자유롭게 된다(계 21:4). 그리고 신자의 영혼은 즉시로 영광으로 들어간다. 나사로가 천사들에 의해 아브라함의 품에 있게 되는 것과 같다(눅 16:22). 구원받은 강도가 그리스도와 함께 낙원에 있게 되는 상태다(눅 23:43).

3. 신자들이 죽을 때 몸과 관련하여 그리스도로부터 받는 유익들은 무엇입니까?

신자들의 몸은 그리스도께 연합되어 부활 때까지 그들의 무덤에서 쉰다(사 57:2; 욥 19:26). 그들의 몸이 무덤에 있을지라도 그리스도와의 연합이 깨어지지 않는다(사 26:19; 롬 8:38-39). 신자에게는 무덤이 안식의 장소가 되지만, 불신자에게는 마지막 심판을 위해 구금되는 감옥과 같다(단 12:2). 신자는 모든 자가 부활되는 그날까지 무덤에서 안식한다(요 5:28-29). 신자의 죽음은 잃는 것이 아니라 얻는 것이다. 따라서 그리스도 안에서 죽는 것이 얼마나 행복한 것인가를 생각하고, 죽음에 대해서 두려워해서는 안 된다.

> **질문 38.** 부활 때 신자가 그리스도로부터 받는 유익들은 무엇입니까?
>
> **답** | 부활 때 신자들은 영광 가운데 일어날 것이며, 심판 날에 공개적으로 인정되며, 무죄 선고를 받을 것입니다. 영원토록 하나님으로 즐거워하는 완전한 복된 상태가 됩니다.

1. 부활 때 누가 부활됩니까?

의로운 자와 악인 모두 부활한다(행 24:15). 그리스도가 하늘로부터 오시면서 소리치시고 천사장이 하나님의 승리를 외치면서 모든 사람의 부활이 일어난다(살전 4:16). 먼저 주 안에서 죽은 자들이 일어날 것이며(살전 4:16), 그들의 몸은 부활하신 그리스도의 몸과 같이 강건하며, 신령하고, 썩지 않고 없어지지 않는 가장 아름답고 영광스러운 몸이 될 것이다(고전 15:42-44). 이 같은 변화는 순식간에 일어날 것이다(고전 15:52). 경건한 자들은 그리스도의 영에 의하여 큰 기쁨 가운데 일어날 것이다(사 26:19). 악한 자들도 그리스도에 의해서 일어나는데, 이때 그리스도는 심판자이시다. 그래서 그들은 말할 수 없는 두려움 가운데 일어난다. 그리스도의 능력에 의하여 그들은 영원한 파멸에 처하게 된다(살후 1:9).

2. 신자들이 영광 가운데 일어난다는 것은 무엇을 의미합니까?

신자들이 영광 가운데 일어난다는 것은(고전 15:43) 그들의 몸이 썩지 않고, 영광스러우며, 능력이 있고, 영적인 몸을 가진다는 것이다(고전 15:42-44). 부활한 몸은 더 이상 질병과 죽음에 굴복되지 않으며, 청년과 같이 활력 있는 영원한 몸이다(사 33:24). 그들의 몸은 그리스도의 영화로운 몸과 같은 것이다(빌 3:21). 영적인 몸이라는 것은 잠을 자지도 않으며 배고프지도 않은 몸이다(계 7:15-16). 높은 수준의 상태이며 새 하늘과 새 땅에 거주하기 합당한 몸이다. 이 몸은 성령의 완전한 지배 아래 있기 때문에 신령한 몸이다(고전 15:44).

3. 죽은 자의 부활 후에 무슨 일이 있습니까?

그리스도가 심판을 시행하신다(마 25:31; 계 20:13). 하나님 아버지께서 그리스도께 모든 심판을 위임하셨다(요 5:22). 모든 사람이 부활되어서 그리스도의 심판대 앞으로 나아오게 될 것이다(마 13:41). 불신자와 악인들에게는 하나님의 진노의 날이 된다(살후 1:8-9). 신자와 경건한 자에게는 구속이 완성되는 날이다(눅 21:28). 심판의 날에 신자들에게 특권이 주어지는데, 그리스도에 의해서 무죄 선고를 받고 하나님 나라에 합당한 자로 공개적으로 인정되는 것이다(마 25:34). 이 일이 공개적으로 진행되는 이유는 신자들을 위로하고, 신자들의 원수들을 부끄럽게 하기 위해서다(사 66:5).

4. 심판 날 이후 신자가 받는 복은 무엇입니까?

영원토록 하나님으로 즐거워하는 완전한 복된 상태가 된다(살전 4:17). 모든 축복을 소유하게 된다(계 21:4, 7). 신자들은 하나님을 완전하게 아는 상태에 있으며(고전 13:12) 하나님의 무한한 사랑에 즐거워하며 기뻐한다(시 16:11). 부활 후 신자의 상태에 대한 말씀은 이 땅에 있는 신자들로 흠 없는 거룩한 삶을 추구하게 한다(벧후 3:14). 마지막 날에 판단받지 않기 위해서 우리 스스로를 판단하고 돌아보아야 한다(고전 11:31). 근신하면서 기도해야 한다(벧전 4:17). 마지막에 대한 소망을 가져야 한다(벧후 1:13).

7장

질문 39-85

신자의 행동의 규칙으로서의 도덕법

> **질문 39.** 하나님이 사람에게 요구하시는 의무는 무엇입니까?
>
> **답** | 하나님이 사람에게 요구하시는 의무는 그분의 계시된 뜻에 순종하는 것입니다.

1. 사람이 왜 하나님께 의무를 가집니까?

사람은 이성적 피조물로서 우주적 하나님께 의무를 가진다. 하나님은 사람에게 주권적인 권세를 가지고 계신다(레 18:5). 우리의 생명과 호흡을 위해서 하나님을 전적으로 신뢰해야 한다(행 17:25). 하나님이 창조주이시며 인생들에게 은덕을 제공하시는 분이기 때문에(시 104:25-26) 하나님에 대한 의무가 있다. 더욱이 하나님이 자신의 백성에게 요구하시는 의무가 있는데(시 100:3), 하나님의 자비하심을 그들에게 더하시기 때문이다(유 1:2). 따라서 주의 백성은 하나님께 더욱 분명한 의무를 가진다.

2. 그리스도인의 하나님에 대한 의무는 무엇입니까?

그리스도인들은 하나님의 사랑과 자비에 대한 하나님의 계시를 가지고 있으며, 그리스도 안에 있는 구원의 방법에 대한 계시를 가지고 있다. 하나님의 계시는 또한 그리스도인들이 이 땅에서 의롭고 경건하게 살 것에 대해서 가르치고 있다(딛 2:11-12). 하나님은 자신의 백성들이 순종해야 할 모든 것을 드러내셨다(신 29:29). 따라서 그리스도인들은 하나님의 계시에서 요구하는 것에 대해 순종해야 할 의무가 있다(사 8:20). 더욱이 하나님의 계시는 그리스도인들이 어떻게 순종해야 할 것을 구체적으로 말하고 있다(미 6:8). 하나님의 계시는 그리스도인들의 순종의 규칙이 된다(딤후 3:16). 그리스도인들은 어떤 사람들보다 하나님께 우선 순종해야 한다(행 5:29; 단 3:18). 오직 하나님만이 양심의 주가 되시기 때문이다(약 4:12).

3. 자연법은 무엇입니까?

하나님이 사람을 만드실 때 옳고 그름을 판단할 수 있는 규칙을 마음에 새겨 놓으셨다(롬 2:14-15). 이는 하나님의 형상으로 사람을 만드셨기 때문에 필수적인 것이었다(창 1:27). 사람은 본성상 의로운 것과 거룩한 것이 심겨 있어서 하나님께 순종하도록 되어 있다(시 111:7-8). 하나님이 사람의 영혼에 심어 놓으신 것이다. 그런데 사람이 타락해서 자연법이 부패되었고 왜곡되었다(롬 1:21, 32). 그러나 자연법은 어느 정도 여전히 남아 있어서 사람은 하나님을 예배해야 하는 것과 부모를 공경하고, 다른 사람에게 해를 주어서는 안 된다는 것과 우리가 원하는 것을 다른 사람에게도 해야 한다는 것을 알고 있다. 율법을 가지고 있지 않은 이방인이라도 이것을 알고 있다(롬 2:14). 사람의 양심으로부터 이것을 알 수 있다. 이것을 부정하는 자는 무신론자다.

질문 40. 하나님이 순종의 원칙을 위해 사람에게 가장 먼저 계시하신 것은 무엇입니까?

답 | 하나님이 순종의 원칙을 위해 사람에게 가장 먼저 계시하신 것은 도덕법입니다.

1. 도덕법은 무엇입니까?

자연법이 사람의 의무를 담고 있지만, 하나님이 문자적으로 사람의 의무를 계시한 것을 '도덕법'이라고 부른다. 아담이 죄를 짓기 이전에는 심령 속에 심긴 법인 자연법이 도덕법이었다. 하나님의 형상으로 지음을 받았기 때문이다(창 1:28-29). 도덕법은 우리의 유일한 순종의 규칙이다. 하나님이 명령하신 것을 행해야 하며, 금지하신 것을 피해야 한다(레 18:4-5). 도덕법은 삶의 규칙과 방법에 대한 완전한 것으로서 수정되거나 교체되지 않는다(시 19:7). 그리스도도 율법의 변호자와 해석자로 활동하셨다. 그리스도는 율법을 폐지하러 온 것이 아니고 성취하러 왔다고 말씀하셨다(마 5:17). 즉 신약에서도 도덕법은 폐지되지 않았다.

2. 아담이 타락 이후에 율법을 지켜서 의로워질 수 있습니까?

율법의 행위로 의롭게 될 자가 없다(갈 2:16). 율법은 거듭나지 않은 자들에게 그들의 죄를 드러내고, 율법을 지켜서 결코 의롭게 될 수 없다는 것을 알게 한다. 따라서 율법은 그리스도께로 인도하는 초등교사의 기능을 한다(갈 3:24). 즉 율법을 통해서 죄를 깨달은 죄인이 율법을 지켜서 자신을 의롭게 하려는 노력을 하지만, 그것이 불가능하다는 것을 인정하고 오직 은혜로 죄 용서함을 받기 위해서 구하게 된다. 이때 성령이 그리스도 안에 죄 용서함과 불의를 가릴 수 있는 의로움이 있다는 것을 알게 하셔서 죄를 깨달은 죄인으로 그리스도께 나아가게 만드신다. 결국 거듭나지 않은 자가 율법을 통해서 그리스도께 나아가는 것에 있어서, 먼저 그는 자신이 죄인이라는 사실을 깨닫고 자신의 힘과 능력으로 율법을 온전히 지킬 수 없다는 것을 인정해야 하는 것이다(갈 2:16).

3. 거듭난 자에게 도덕법은 어떤 기능을 합니까?

거듭난 자는 그리스도가 선택된 죄인들을 위해서 율법에 의해서 그들의 죄를 짊어지고 십자가에서 죽으신 것을 깨닫게 되어 있다. 한편으로, 그리스도가 율법에 완전히 순종하심으로 의를 확보해 놓으신 것도 알게 되어 있다. 거듭난 자들은 그리스도가 언약을 온전히 성취하시어 자신들에게 구원의 은혜가 있다는 것을 깨닫게 되어 있다. 따라서 거듭난 자들은 그리스도의 구속에 감사하여 도덕법을 지키게 되어 있다(롬 8:3-4; 요일 5:1-3). 도덕법은 거듭난 자들의 행위의 규칙이 되며 순종의 규범이 된다(롬 7:22, 12:2). 그러나 그들은 율법 아래에 있는 것이 아니라 그리스도 안에 있기 때문에 정죄에 이르지 않는다(롬 8:1).

질문 41. 도덕법은 어디에 함축적으로 요약되어 있습니까?

답 | 도덕법은 십계명 안에 함축적으로 요약되어 있습니다.

---

1. 도덕법의 요약이 십계명인 이유는 무엇입니까?

하나님의 율법은 구약성경과 신약성경 전체에 있다. 십계명이 도덕법의 요약인 이유는 하나님이 직접 십계명으로 말씀하셨기 때문이다(출 20:1). 하나님이 음성으로 십계명을 말씀하셨을 뿐만 아니라 직접 두 돌판에 기록하여 주셨다(신 9:10). 두 돌판에 가득하게 써 주셨는데, 사람들이 첨가하거나 삭제할 수 없다는 의미다(신 4:2). 처음에 주신 돌판은 모세가 우상 숭배한 백성들 앞에서 깨트렸다. 다시 주께서 돌판에 새겨 주셨는데, 내용은 똑같다(출 34:1). 즉 주께서 완전한 것을 주셨기 때문에 변경되거나 취소될 수 없음을 의미한다. 더욱이 돌판에 새겨 주셨다는 것은 도덕법의 영속성을 의미한다(시 111:8). 하나님이 직접 새겨 주셨다는 것은 오직 하나님만이 율법의 제정자이시며, 하나님이 사람들의 마음에 율법을 새겨 주시는 것을 의미한다(히 8:10).

2. 십계명은 어떤 형태를 가지고 있습니까?

십계명은 언약의 형태를 가지고 있다. 십계명의 서문은 은혜언약의 형태를 가지고 있다. 하나님이 이스라엘 백성을 애굽에서 건져 내신 것을 말하고 있다(출 20:1). 그리고 주께서 애굽에서 건져 내신 이스라엘 백성에게 요구하시는 내용으로 서술되고 있다. 하나님의 백성으로서 반드시 지켜야 하는 의무에 대한 내용이다. 이는 그리스도인에게 행위의 원리다. 그러나 불신자는 행위언약 아래에 있기 때문에 십계명을 지켜서 의롭게 되려고 하지만, 영적으로 무능하기 때문에 결코 의롭게 될 수 없다. 따라서 불신자에게는 십계명이 그들의 죄를 드러내는 기능을 한다. 불신자는 율법을 통해서 자신들이 죄인이라는 것을 알게 되어 있다(롬 3:19-20). 율법을 어긴 것에 대해서 하나님의 진노와 심판이 있다는 것을 인식하게 되어 있다(롬 4:15).

> 질문 42. 십계명의 요약은 무엇입니까?
>
> 답 | 십계명은 우리의 모든 마음을 다하여서 우리 주 하나님을 사랑하는 것과 우리의 모든 영혼과 모든 힘과 마음을 다하여서 우리의 이웃을 우리 자신과 같이 사랑하는 것입니다.

1. 십계명의 첫 번째 부분은 무엇입니까?

십계명은 두 돌판으로 구성되어 있으므로 두 부분으로 나눌 수 있다. 첫 번째 부분은 하나님에 대한 의무들의 규정이다. 하나님을 온 마음과 정성을 다해 사랑하는 것이다. 여호와께서 우리의 하나님이시라는 인정이 있어야 하며(신 30:6), 이로부터 겸손히 그리고 거짓 없이 하나님을 사랑하는 것이다(롬 12:9). 마음과 정성을 다한다는 것은 영혼의 모든 기능과 정서를 다한다는 것이며(사 26:8-9) 하나님을 사랑하는 것에 최우선 순위를 두는 것을 의미한다(눅 14:26). 우리가 주를 사랑하되, 우리의 목숨보다 더 사랑하는 것이며(빌 3:8) 주 안에서 우리 영혼의 영원한 안식을 얻는 것이다(시 73:25-26).

2. 십계명의 두 번째 부분은 무엇입니까?

이웃을 우리 자신처럼 사랑하는 것이다(마 22:39). 이는 우리의 행복과 하나님의 영광을 목적으로 한다(고전 10:31). 이웃을 우리 자신처럼 사랑하라는 것은 진실하고 성실히 사랑하는 것을 의미한다. 이웃을 사랑하는 것에는 규칙이 있는데, 다른 사람이 나에게 해주기를 원하는 것처럼 자신이 다른 사람에게 행하는 것이다(마 7:12). 그리스도인들은 모든 사람에게 선을 행해야 하지만, 특별히 믿음의 사람들에게는 더욱 선을 행하고 사랑해야 한다(갈 6:10). 원수들에 대해서는 용서해 주고 기꺼이 그들을 축복해 주어야 한다(마 5:44; 행 7:60). 십계명의 두 번째 부분의 목적은 다른 사람에게 자비를 베푸는 것으로서, 청결한 마음과 선한 양심과 거짓이 없는 믿음으로 다른 사람을 사랑하는 것이다(딤전 1:5).

질문 43. 십계명의 서문은 무엇입니까?

답 | 십계명의 서문은 이러합니다. "나는 너를 애굽 땅, 종 되었던 집에서 인도하여 낸 네 하나님 여호와니라."

질문 44. 십계명의 서문은 우리에게 무엇을 가르칩니까?

답 | 십계명의 서문은 하나님이 주이시며, 우리의 하나님이시며, 구속주이시기 때문에 우리가 그분의 모든 계명을 지켜야 한다는 것을 가르칩니다.

1. 십계명의 서문에서 하나님이 자신을 어떻게 밝히고 계십니까?

십계명의 서문에서 하나님은 "나는 너를 애굽 땅, 종 되었던 집에서 인도하여 낸 네 하나님 여호와니라"(출 20:2)라고 말씀하신다. 하나님이 주가 되시며, 우리의 하나님이시며, 구속주가 되신다는 것을 선언하고 계신다. 여호와 하나님이시라는 것은 모든 것 위에 뛰어나신 하나님을 말하며(시 83:18), 우리의 하나님이 되시는 것은 하나님이 자신의 백성들에게 선하심을 의미한다. 구속주가 되신다는 것은 우리를 죄에서 건지시는 분을 뜻한다. 따라서 하나님은 우리에게 마땅히 순종을 요구하실 수 있으며, 우리는 마땅히 하나님께 순종해야 한다(레 20:8). 더욱이 이스라엘을 애굽 땅에서 건져 내신 것을 말씀하심으로써 하나님의 백성이 반드시 계명에 순종해야 하는 이유를 밝히셨다.

2. 출애굽 사건은 영적으로 어떻게 이해할 수 있습니까?

출애굽 사건은 영적으로 그리스도에 의한 구속을 의미한다. 애굽에서 이스라엘 백성은 잔악한 통치자 아래에서 혹독한 종살이를 했다(출 1:14). 이는 마치 사람이 자연적 본성 가운데 죄와 마귀의 종 된 것과 같다(엡 1:2). 이스라엘 백성이 자신들의 힘으로 종살이에서 벗어날 수 없었던 것처럼(출 2:23), 인류는 자신을 죄의 종 된 상태에서 벗어나게 할 수 없다(롬 5:12). 이스라엘은 하나님의 전능하신 손에 의해서 애굽에서 건짐을 받았다(시 78:12-16). 하나님이 애굽을 치시고 이스라엘을 건져 내셨다(출 14:28). 마찬가지로 그리스도가 정세 잡은 자를 제어하시고 하나님의 택하신 백성을 죄에서 건져 내고 계신다(골 2:15). 따라서 그리스도에 의해 구속함을 받은 백성은 하나님의 계명을 지켜야 한다(딛 2:11-14).

3. 하나님이 십계명에서 2인칭 단수인 "너는"이라고 말씀하시며, 또한 "하지 말라"고 하신 이유는 무엇입니까?

하나님은 계명들을 각각 개인에게 말씀하셨다. 마치 우리의 이름을 각각 부르시듯이 특정 개인들에게 말씀하신 것이다. 개인들은 자신이 계명을 지키고 있는지의 여부를 살펴야 한다. '하지 말라'는 명령은 강력한 규정으로서, 항상 언제든지 적용되는 것을 의미한다. 따라서 십계명은 우주적인 특징을 가지고 있다. 과거의 모든 사람과 현재, 미래의 모든 사람에게 적용되며, 어느 곳의 사람들에게든 다 적용되는 것이다. 모든 사람에게 십계명은 구속력을 가지고 있다(롬 2:14). 구원의 은혜를 받은 자들에게는 더할 나위 없이 구속력을 가진다. 따라서 구원받은 자들은 율법 혹은 십계명을 지키지 않아도 된다고 말하는 것은 오류다.

질문 45. 제1계명은 무엇입니까?

답 | 제1계명은 "너는 나 외에는 다른 신들을 네게 두지 말라"입니다.

1. 십계명 가운데 첫 번째 계명은 무엇입니까?

"너는 나 외에는 다른 신들을 네게 두지 말라"(출 20:3)이다. 첫 번째 계명의 특징으로서, 율법에서 가장 중요한 것은 여호와 하나님을 우리 하나님으로 섬기는 것이 의무라는 것이다(출 15:2). 이는 모든 자에게 다른 계명도 순종하도록 영향을 준다(시 118:28). 첫 번째 계명에 순종하는 것은 하나님이 우리의 하나님이시라는 것을 믿는 것이다. 이 믿음이 없으면 우리는 하나님을 기쁘시게 할 수 없다(히 11:6). 믿음이 없이 하는 모든 것이 죄다(롬 14:23). 하나님을 가장 우선순위로 섬겨야 하지만, 사람은 타락한 이후 불신앙과 악한 마음으로 가득 차서 하나님을 찾지도 않으며 섬기지도 않는다(롬 3:11-18). 따라서 율법은 하나님을 섬기지도 않으며 예배하지 않는 자들을 향하여 죄인이라고 증거한다(롬 3:19-20).

2. 십계명의 서문과 제1계명은 어떤 관계를 가지고 있습니까?

십계명의 서문은 믿음의 대상에 대해서 설명하고 있으며, 제1계명은 믿음의 대상에 대한 의무를 말하고 있다. 서문은 은혜를 베푸시는 하나님을 언급하고 있으며, 제1계명은 은혜를 주신 하나님께 가장 우선순위를 두고 섬겨야 함을 말한다. 하나님으로부터 은혜를 받은 자는 하나님에 대해서 의무를 가진다(엡 2:10). 따라서 은혜가 율법을 없애는 것이 아니다(롬 3:31). 서문과 관련하여 제1계명은 하나님을 유일한 우리의 하나님으로 알고 인정하며, 하나님을 예배하며 영화롭게 해야 하는 것을 말한다.

> 질문 46. 제1계명에서 요구하는 것은 무엇입니까?
>
> 답 | 제1계명에서 요구하는 것은 하나님을 오직 진정한 하나님으로 알고 인정하며, 우리의 하나님으로서 예배하고 영화롭게 하는 것입니다.

1. 제1계명에서 요구하는 하나님에 대한 지식은 무엇입니까?

제1계명은 하나님에 대한 지식을 요구하고 있다. 하나님은 자신의 말씀 안에서 자신을 계시하셨다(히 11:6). 하나님은 자신을 여호와라고 밝히셨으며 자비롭고, 은혜롭고, 노하기를 더디 하고, 인자와 진실이 많은 하나님이라고 하셨다. 또한 인자를 천 대까지 베풀며 회개하는 자에게 악과 과실과 죄를 용서하지만, 형벌을 받을 자에 대해서는 반드시 심판하는 분이라고 하셨다(출 34:6-7). 하나님은 자신이 그리스도 안에서 세상을 자기와 화목하게 하는 분이라고 하셨다(고후 5:19). 죄인들은 하나님의 심판을 두려워하지만, 그리스도 안에 죄 용서함과 하나님과 화목되는 은혜가 있음을 알아야 한다.

2. 진정으로 하나님을 아는 지식은 무엇입니까?

하나님을 아는 지식에는 이론적으로 아는 일반적 지식이 있으며, 한편으로는 구원의 지식이 있다. 하나님에 대한 일반적 지식은 구원의 은혜 없이 머리로만 아는 지식이다. 성령의 역사로 인한 심령의 변화가 없으며 행함도 나타나지 않는 지식이다. 일반적 지식은 위선자와 경건하지 않은 자들에게 있는 것으로서, 하나님을 안다고 고백하지만 행위로 부정하는 것이다(딛 1:16). 그러나 구원의 지식은 그리스도 안에서 하나님과 생동감 있는 관계를 가지게 하며 하나님의 뜻에 일치하는 삶을 살려고 애쓰게 한다(요일 2:3-4). 구원의 지식은 경험적인 것이며(골 1:6), 성결하게 하며(벧후 1:8), 겸손하게 하는 것이다(욥 40:4-5).

3. 하나님을 인정한다는 것은 무엇을 말하는 것입니까?

하나님을 세상 앞에서 고백하는 것이다(롬 10:10). 하나님을 아는 것과 인정하는 것이 연결되어 있는 이유는 구원의 지식이 심령에 심긴 곳마다 항상 자신에게와 다른 사람을 향하여 증거가 나타나기 때문이다(단 11:32). 하나님을 인정한다는 것은 하나님을 오직 유일하며 진실하신 우리의 하나님으로 인정하는 것이다. 하나님과 관련한 인정은 하나님을 구원자로 고백하는 것인데, 그리스도를 통하여 아버지께 나아가는 것을 의미한다(요 14:6, 9).

4. 우리가 하나님을 알고 인정하는 증거로서 제1계명에서 요구하는 것은 무엇입니까?

하나님을 예배하고 영화롭게 하는 것이다(마 4:10). 하나님을 예배한다는 것은 우리의 은밀한 경건 생활과 공예배 가운데 하나님께 최고의 존경을 드리며(시 71:19), 하나님을 원하며(시 73:25), 하나님으로 즐거워하는 것이다(시 32:11). 하나님을 영화롭게 하는 것은 하나님께 모든 영광을 돌려 드리고(출 15:11), 세상에서 우리의 모든 행동을 하나님의 영예를 증진하는 목적으로 삼고 행하는 것이다(고전 10:31). 하나님을 예배하고 영화롭게 하는 것에는 신앙의 행위뿐만 아니라 시민 생활에서도 하나님과 친밀한 교제를 갖는 것이 포함된다(렘 29:7).

5. 하나님을 예배하고 영화롭게 할 때 방법은 무엇입니까?

하나님을 예배하고 영화롭게 하는 것은 우리의 내면과(요 4:24) 외적인 행동 모두를 포함한다(마 5:16). 내적으로 예배를 드리는 것은 하나님을 신뢰하고(사 26:4), 소망을 가지며(시 130:5), 하나님 안에서 즐거워하며(시 37:4), 묵상하며(수 1:8), 우리 자신을 하나님께 헌신하는(사 45:5) 것이다. 우리의 삶 속에서 외적으로 예배를 드리는 것은 하나님께 기도를 드리고 입술로 찬양하며(시 142:1), 하나님의 영광을 위한 열심을 내며(시 69:9), 하나님을 기쁘시게 해드리기 위해 영적 주의를 기울이며(골 1:10), 하나님 앞에서 겸손히 행하는 것이다(미 6:8).

> 질문 47. 제1계명에서 금지하는 것은 무엇입니까?
>
> 답 | 제1계명에서 금지하는 것은 참되신 하나님을 하나님과 우리 하나님으로 인정하지 않거나, 그분을 예배하며 영화롭게 하지 않는 것이며, 또한 하나님께만 드려야 할 예배와 영광을 우상에게 돌리는 것입니다.

1. 하나님을 논리적으로 인정하지 않는 것은 무엇입니까?

무신론이다. 하나님이 안 계시다는 것을 입으로 말하면서, 하나님의 존재와 관련된 증거들을 부정하는 것이다. 무신론자들은 하나님의 섭리와 완전하신 하나님을 부정한다. 그리고 하나님이 없다고 공개적으로 말한다. 무신론자들은 하나님이 우주 만물을 다스리는 것을 인식할 수 없다고 주장하며(사 41:23) 하나님의 존재를 부정한다(시 10:4). 무신론자들은 하나님이 없다고 주장하지만, 그들의 마음에는 하나님에 대한 두려움이 있다(단 5:6, 9). 왜냐하면 사람에게는 자연적으로 하나님의 존재에 대한 지식이 있으며, 자신의 이성을 가지고 이것을 떨쳐 낼 수 없기 때문이다(롬 1:19). 이러한 자들에 대해서 성경은 어리석은 자라고 말한다(시 14:1).

2. 하나님을 부정하는 자들의 삶은 어떠합니까?

하나님의 섭리와 속성을 부정하는 자들은 하나님의 초자연적 계시를 부정하면서 악하고 불경한 삶을 산다(시 10:4, 11, 13). 이들이 하나님의 존재를 부정하는 것은 자신들의 정욕적인 삶에 거침이 없게 하는 것이다. 그리고 모든 부정한 것과 더러운 일을 한다(엡 4:19). 그리고 이들은 하나님을 부정하는 삶을 산다(딛 1:16). 하나님을 부정하는 악인들은 자연의 본성의 빛에 반하는 행동을 한다(롬 1:21). 이들은 하나님을 인정하지 않으며, 하나님에 대한 의무를 행하지 않고, 자기 자신을 기준으로 삼으며, 자신을 위해서만 살아가는 자들이다(시 73:5). 이는 하나님께 돌려야 할 영광을 자신들에게 돌리는 것으로, 하나님을 욕되게 하는 것이다(삼상 15:30).

3. 우상 숭배는 무엇입니까?

하나님이 아닌 사물과 사람에게 예배하는 것을 우상 숭배라고 한다(레 26:1). 사람들이 형상을 만들어 예배하는 것도 우상 숭배다(시 135:15-19). 사람들이 헛된 상상력을 동원하여 썩어지지 아니할 하나님의 영광을 짐승과 물건의 형상으로 만들어 예배하는 것이다(롬 1:21-23). 비록 형상을 만들지 않는다 하더라도 마음에 하나님이 아닌 다른 것을 신으로 섬기는 것도 우상 숭배다(겔 14:4). 인류 가운데 가장 쉽게 발견될 수 있는 우상 숭배는 자기 자신과 세상을 섬기는 것이다. 세상적인 부와 즐거움을 추구해서 도무지 하나님을 찾을 마음을 갖지 않는다. 따라서 우상을 떠나 진정한 하나님을 예배하는 참된 신앙은 자기를 부정하고(마 16:24) 세상의 일시적인 것에 마음을 두지 않는 것이다(마 6:31; 요일 2:15).

4. 마귀는 사람들의 마음에 우상을 어떻게 만듭니까?

마귀는 '이 세상의 신'이라고 부르며(고후 4:4) 불순종의 아들들 가운데 역사하는 영이라고 한다(엡 2:2). 마귀는 사람들의 영혼에 우상이 자리 잡도록 유혹하고 그리스도께 가지 못하게 한다. 마귀는 사람들이 미신적인 것과 점치는 것에 빠지게 하여서 저주받을 행위들을 하도록 유도한다(신 18:10-12). 마귀는 세상을 사용하여서 사람들이 세상의 즐거움 속에서 빠져나오지 못하게 하고, 도무지 하나님을 찾지 못하게 만드는 방법을 사용한다. 이 세상 신의 주관에서 벗어나는 방법은 하나님의 말씀을 읽고 성령의 역사가 있기를 구하여 자신이 우상을 숭배하고 있다는 것을 깨닫고, 그것으로부터 벗어나기 위해서 하나님께 은혜를 구하는 것이다(살전 1:9).

> **질문 48.** 제1계명에서 "나 외에는"이라는 말씀이 우리에게 특별히 가르치는 것은 무엇입니까?
>
> **답 |** 제1계명에서 "나 외에는"이라는 말씀이 우리에게 특별히 가르치는 것은 모든 것을 보시는 하나님이 다른 신을 섬기는 죄를 내려다보시고 매우 불쾌하게 여기신다는 것입니다.

1. 제1계명에서 "나 외에는"(혹은 내 앞에서)이라는 말씀의 배경은 무엇입니까?

모든 것을 보고 계시는 하나님 앞에서 다른 신들을 섬기는 것이 매우 큰 죄라는 것이다(히 4:13). 하나님이 모든 것을 보고 계신다는 것은 피조물들에 대해서 완전한 지식을 가지고 계신다는 것이다(시 147:5). 하나님은 단번에 모든 것을 아시는 분이다(요일 3:20). 하나님은 창조주이시며, 만물을 주관하는 주이시고, 세상을 심판하는 심판자이시기 때문이다(고전 4:5). 따라서 하나님은 사람들이 하나님의 계명을 지키지 않는 것과 하나님께 대적하는 것을 모두 알고 계신데, 특별히 하나님이 아닌 우상을 섬기는 것에 주목하고 계신다.

2. 다른 신을 섬기는 것에 대해서 하나님은 어떻게 처분하십니까?

우리의 마음에 하나님보다 더욱 관심을 갖고 그것을 추구하는 것에 대해 하나님은 알고 계신다(사 31:1-2). 하나님은 우리의 삶은 물론이거니와 예배하는 것도 보고 계신다. 그러나 우리가 진정으로 하나님을 예배하지 않는다면 불쾌하게 여기시며, 우상을 섬기거나 다른 신을 섬기는 것에 대해서는 진노하신다. 하나님의 진노는 이 땅에서와 다가올 세상에서 일어나는 것이다(신 29:24-29). 이러한 죄들이 하나님의 권위에 직접적으로 도전하는 것이며, 하나님은 가장 높이 섬김을 받으셔야 하고, 마땅히 섬김을 받을 권리가 있으시기 때문이다(렘 32:30).

> 질문 49. 제2계명은 무엇입니까?
>
> 답 | 제2계명은 "너를 위하여 새긴 우상을 만들지 말고 또 위로 하늘에 있는 것이나 아래로 땅에 있는 것이나 땅 아래 물속에 있는 것의 어떤 형상도 만들지 말며 그것들에게 절하지 말며 그것들을 섬기지 말라 나 네 하나님 여호와는 질투하는 하나님인즉 나를 미워하는 자의 죄를 갚되 아버지로부터 아들에게로 삼사 대까지 이르게 하거니와 나를 사랑하고 내 계명을 지키는 자에게는 천 대까지 은혜를 베푸느니라"입니다.

1. 제2계명은 무엇입니까?

"너를 위하여 새긴 우상을 만들지 말고 또 위로 하늘에 있는 것이나 아래로 땅에 있는 것이나 땅 아래 물속에 있는 것의 어떤 형상도 만들지 말며 그것들에게 절하지 말며 그것들을 섬기지 말라 나 네 하나님 여호와는 질투하는 하나님인즉 나를 미워하는 자의 죄를 갚되 아버지로부터 아들에게로 삼사 대까지 이르게 하거니와 나를 사랑하고 내 계명을 지키는 자에게는 천 대까지 은혜를 베푸느니라"(출 20:4-6)이다.

2. 제1계명과 제2계명은 어떠한 차이를 가지고 있습니까?

제1계명은 우리가 오직 하나님께 예배를 드려야 한다는 것이며, 제2계명은 예배의 방법에 대한 것이다. 하나님은 하나님의 말씀 안에서 우리가 드려야 할 예배 방법에 대해서 정해 놓으셨다. 인간의 고안된 방법으로 하나님께 예배드리는 것을 금하고 있다. 신앙적인 예배는 은혜로우신 하나님께 마땅히 존경을 드리는 것인데, 하나님께 굴복된 것과 그리스도 안에서 하나님을 신뢰하는 고백과 마땅히 드려야 할 감사와 찬양이 있어야 한다(시 95:6-7). 따라서 하나님은 자신의 말씀 속에서 신앙적 예배의 규례를 정하신 것이다.

> 질문 50. 제2계명에서 요구하는 것은 무엇입니까?
>
> 답 | 제2계명에서 요구하는 것은 하나님이 자신의 말씀 가운데 정하신 대로 모든 종교적 예배와 규례를 받고, 준수하며, 순수하고 완전하게 지키라는 것입니다.

1. 하나님이 자신의 말씀 가운데 정하신 신앙적 예배의 규례는 무엇입니까?

말씀 안에 정해 놓으신 예배의 규례는 그리스도의 이름으로 기도하고 감사를 드리는 것(요 14:14)과 성경을 읽는 것과 설교와 하나님의 말씀을 듣는 것이다(행 10:33). 성례의 실행과 세례와 성찬을 받는 것이다(고전 11:26). 교회 정치와 징계의 실행과 그것을 받는 것이다. 목회의 사역을 통하여 이러한 규례를 유지하고(엡 4:11-13), 때로는 금식을 하고(행 13:1-3), 하나님에 대한 합법적 서원을 하고 이행하는 것이다(신 6:13).

2. 예배의 규례를 어떻게 순수하게 지킬 수 있습니까?

하나님이 정해 놓으신 예배의 규례는 권위가 있는 것이다. 따라서 사람들이 그것을 바꾸거나 인간이 고안한 방법을 섞어서 규례를 오염시켜서는 안 된다(신 12:32). 규례를 있는 그대로 받아들이고 지키는 것이 요구된다. 믿음 가운데 규례들을 시행함으로 순수하게 지킬 수 있다(눅 1:6). 제2계명은 하나님께 드리는 예배를 인간이 고안한 방법으로 변경하여 더럽히는 것을 금지하는 것이다. 하나님은 모든 거짓된 예배를 미워하시고 역겨워하신다. 이는 우상 숭배다(신 7:5).

질문 51. 제2계명에서 금지하는 것은 무엇입니까?

답 | 제2계명에서 금지하는 것은 형상을 사용하여 하나님을 예배하거나 하나님의 말씀에 정하지 않은 어떤 다른 방법으로 예배하지 말라는 것입니다.

---

1. 십계명의 제2계명에서 우선적으로 금지하는 것은 무엇입니까?

형상을 만들어 하나님을 예배하는 것이다. 형상이라는 것은 형체를 가진 것이나 그림으로 표현하는 것이다. 형상으로써 하나님을 나타낼 수 없기 때문에 형상을 만들어 예배하는 것을 금지하는 것이다(사 40:18). 그리스도가 이 땅에 오셔서 인간의 몸을 입으셨을지라도 형상으로 만들

수 없다. 형상이나 그림을 가지고 그리스도의 신성을 나타낼 수 없기 때문이다(딤전 6:16). 더욱이 그리스도에 대해서 형상을 만드는 것은 인간의 상상력을 동원하여 고안한 것이며, 이는 우상 숭배의 길로 들어서는 것이기 때문이다. 예배에 있어서 우리를 도우시는 분은 성령이시다. 따라서 형상을 사용하는 것은 예배와 경건 생활에 전혀 도움이 되지 않으며, 미신적인 것으로 빠질 뿐이다.

2. 십계명의 제2계명에서 자의적 예배 방법을 어떻게 금지하고 있습니까?

자의적 예배라는 것은 하나님의 말씀에 정한 방법이 아닌 어떤 다른 방법으로 예배하는 것을 말한다. 사람들은 교만한 마음과 미신적인 생각을 가지고 예배의 방법을 고안해 낸다. 자신들이 만들어 낸 방법을 가지고 외적으로 매우 경건하게 보이려는 것이다. 세례를 베풀 때 십자가를 사용하거나, 성찬을 받을 때 무릎을 꿇는다거나 제단을 만들고 그 앞에서 예수 그리스도의 이름으로 절하기도 한다. 물론 구약에서 이스라엘 백성은 의식을 준수했다. 그것은 하나님이 정하신 것이며, 신약에 이르러 그리스도의 속죄 제사로 성취되어서 더 이상 구속력이 없는 것이다(히 9:1-15). 자의적 예배는 교회에 오류가 번성하게 만들고 경건을 무너트리는 것으로, 제2계명에서 금하고 있는 것이다(계 2:14-15, 20).

> 질문 52. 제2계명에 부가된 논증들은 무엇입니까?
>
> 답 | 제2계명에 부가된 논증들은 하나님이 우리의 주권자 되시며 우리의 소유자 되셔서 오직 그분께만 경배하기를 바라시는 것입니다.

1. 제2계명에서 형상의 사용과 자의적 예배를 금지하는 첫 번째 이유는 무엇입니까?

하나님이 우리의 주권자가 되시기 때문이다. 하나님은 절대적인 능력과 권세로써 우리를 다스리신다(롬 9:20-21). 더욱이 하나님이 선한 의도를 가지고 예배의 방법을 정하셨기 때문에 반드시 정하신 규례대로 예배해야 한다(신 6:17). 하나님이 정하신 방법을 따라 예배드리는 것은 하나님을 기쁘시게 하는 것이며, 하나님의 주권에 굴복하며 그분의 다스리심을 기꺼이 받고자 하는 표시다(시 95:2-3).

2. 제2계명에서 형상의 사용과 자의적 예배를 금지하는 두 번째 이유는 무엇입니까?

하나님이 구속으로 우리를 소유하셨기 때문이다. 십계명의 서문에서 하나님은 "나는 너를 애굽 땅, 종 되었던 집에서 인도하여 낸 네 하나님 여호와니라"(출 20:2)라고 밝히신 바 있다. 하나님이 우리를 그리스도의 피로 구속하시고 자신의 소유로 삼으셨다(사 43:1). 따라서 우리는 건짐을 받은 하나님의 백성으로서 마땅히 하나님이 정하신 방법대로 예배드려야 한다(수 24:24).

3. 제2계명에서 형상의 사용과 자의적 예배를 금지하는
   세 번째 이유는 무엇입니까?

하나님은 백성이 드리는 예배에 대해서 관심을 가지고 계시며 피조물을 예배하는 것에 대해 질투하시기 때문이다(출 34:14). 하나님은 사람들이 하나님을 무시하거나 대적하고 예배를 변경하는 것에 대해서 진노하시는데, 나답과 아비후는 정한 방식으로 예배를 드리지 않고 이상한 불을 주께 드려서 죽었다(레 10:1-4). 이처럼 하나님은 자신에게 드려지는 예배에 대해서 주의하고 계신다. 하나님이 정하신 방법대로 예배하지 않는 자들에 대해서 삼사 대에 이르기까지 보복하며 죄에 대해서 심판할 것을 말씀하셨다.

4. 하나님이 자신에게 드리는 예배를 주목하시는 증거는 무엇입니까?

하나님이 자신에게 드리는 예배를 주목하고 계신다는 증거는 잘못 드려지는 예배에 대해서 심판할 것을 말씀하신 것이다(겔 20:18, 21). 그러나 하나님을 사랑하고 계명을 지키는 자에게는 천 대까지 은혜를 베푸실 것을 약속하고 있다. 하나님이 그들에게 베푸시는 것은 힘을 더하시고

(시 94:18), 위로하시며(시 31:7), 인도하시고(출 15:13), 보전하시는 것이다(삼하 7:15). 따라서 하나님이 정하신 방법대로 예배를 드려야 하며 게으르지 않고 열심히 예배해야 한다.

> 질문 53. 제3계명은 무엇입니까?
>
> 답 | 제3계명은 "너는 네 하나님 여호와의 이름을 망령되게 부르지 말라 여호와는 그의 이름을 망령되게 부르는 자를 죄 없다 하지 아니하리라"입니다.

> 질문 54. 제3계명에서 요구하는 것은 무엇입니까?
>
> 답 | 제3계명에서 요구하는 것은 하나님의 이름과 칭호와 속성과 규례와 말씀과 사역들을 거룩하고 존경하는 방식으로 사용하는 것입니다.

1. 십계명에서 제3계명은 무엇입니까?

"너는 네 하나님 여호와의 이름을 망령되게 부르지 말라 여호와는 그의 이름을 망령되게 부르는 자를 죄 없다 하지 아니하리라"(출 20:7)이다.

2. 하나님을 예배하는 가운데 하나님의 이름을 어떻게 사용해야 합니까?

하나님을 예배하는 가운데 존귀하신 하나님의 이름을 바르게 사용해야 한다(말 1:11). 하나님의 이름은 하나님이 자신을 나타내시어 하나님의 속성과 완전하심을 알게 하는 것이다(잠 18:10; 행 9:15). 하나님은 여호와의 이름을 모세에게 알려 주심으로써 절대적이며 영원하신 하나님의 존재를 알게 하셨다(출 3:14). 하나님이 주가 되신다는 것을 이름으로 알려 주셨다(사 42:8). 또한 아버지, 아들, 성령의 이름으로 삼위 간의 관계를 알려 주셨다(마 28:19). 따라서 이러한 하나님의 이름을 예배에서 거룩하게 구별하여 사용해야 한다.

3. 하나님을 예배하는 가운데 하나님의 칭호를 어떻게 사용해야 합니까?

하나님의 칭호는 하나님의 속성들을 나타내는 것이다. 하나님의 칭호에는 창조주(사 40:28), 보전자(시 145:20), 모든 민족의 왕(렘 10:7), 만군의 주(사 1:9)가 있다. 한편으로 아브라함, 이삭, 야곱의 하나님이라 불리기도 하시고(출 3:6), 이스라엘의 거룩하신 이(사 48:17), 성도들의 왕(사 6:5), 자비의 아버지(고후 1:3), 기도를 들으시는 주(시 65:2), 구원의 하나님(시 68:20)이라는 칭호도 있다. 신약에서 가장 많이 사용되는 하나님에 대한 칭호는 우리 주 예수 그리스도의 아버지 하나님이다(엡 1:3; 벧전 1:3). 이 칭호로부터 우리가 하나님과 화목되었으며(고후 5:19), 그리스도를 통해서 용서받았고(엡 1:6-7), 그리스도 안에서 하나님을 '아버지'로 부를 수 있게 되었다(요 20:17). 따라서 하나님을 예배하는 가운데 하나님의 칭호를 기억하고 거룩하게 사용해야 한다.

4. 하나님의 이름을 예배의 규례에서 어떻게 사용해야 합니까?

예배의 규례는 성경을 읽는 것과 설교와 하나님의 말씀을 듣는 것, 성례의 시행과 참여함과 찬양하고 감사하는 것, 기도를 드리고, 금식하는 것이다. 규례를 시행할 때 하나님의 이름을 거룩하게 사용해야 한다. 하나님의 이름을 사용하는 것에 있어서 경건한 두려움이 있어야 한다(히 12:28-29; 고후 7:1). 하나님의 이름과 칭호를 부를 때 하나님이 우리 심령에 있는 모든 것을 아시고 또한 거짓된 것을 심판하시는 것에 대해 생각해야 한다(계 21:8). 물론 하나님의 이름을 함부로 불러서는 안 되며(레 19:12) 경건하지 않은 방식으로 사용해서도 안 된다.

5. 하나님을 예배하는 가운데 이름과 칭호와 규례들을 바르게 사용하는 것의 유익은 무엇입니까?

우리의 모든 묵상과 말에 있어서 하나님의 이름과 영광에 대한 존경이 나타나야 한다(신 28:58). 그리스도 안에서 하나님의 이름과 칭호와 속성에 대한 묵상은 우리의 믿음과 거룩성을 증진시킨다(출 23:20-21). 규례들을 거룩하게 사용하려고 애쓸 때, 그것들은 하나님의 거룩하심과 탁월성을 나타내는 수단이 된다. 하나님의 섭리와 구속의 영광을 나타내는 방식이기도 하다. 그래서 우리로 겸손하게 만들고 감사하게 만든다

(계 15:3-4). 즉 하나님의 이름과 칭호와 규례를 거룩하게 사용하는 것은 하나님의 영광을 증진시킨다.

> 질문 55. 제3계명에서 금지하는 것은 무엇입니까?
>
> 답 | 제3계명에서 금지하는 것은 하나님이 자기를 알게 하신 것을 모독하거나 남용하는 것입니다.

1. 제3계명에서 금지하는 것 가운데 첫 번째는 무엇입니까?

하나님의 이름과 칭호와 속성과 규례를 모독하는 것이다. 이는 하나님의 이름을 평가절하하거나 비난하는 것이다(사 36:20). 한편으로, 하나님의 말씀에 대해서 욕을 하고(행 13:45), 하나님의 섭리에 대해서 비난하는 것(겔 18:25)도 포함된다. 이는 높으신 하나님에 대한 무신론적 경멸에 해당되는 것이다(출 5:2). 물론 무신론적인 생각을 가지고(시 14:1) 하나님에 대해 잘못된 견해를 갖는 것(시 10:11)도 제3계명이 금지하는 것이다. 하나님의 율법에 의하면 이러한 죄는 죽음에 해당된다(레 24:16).

2. 제3계명에서 금지하는 것 가운데 두 번째는 무엇입니까?

하나님의 이름과 칭호와 속성과 규례를 남용하는 것이다. 하나님의 이름을 가지고 약속을 하면서 자신을 믿어 달라고 하는 것은 하나님의 이름을 남용하는 것이다. 물론 대화 가운데 하나님의 이름으로 맹세하는 것도 하나님의 이름을 남용하는 것이다(마 5:37). 이는 창조주 하나님을 욕되게 하는 것이다. 거짓된 서원을 하나님의 이름으로 하는 것도 제3계명에서 금지하는 것이다. 이러한 것들은 자신들의 정직하지 않은 삶을 하나님의 이름으로 감추려는 것이며, 그들의 생각과 마음에는 하나님을 두려워하는 것이 없다. 만약에 하나님의 이름을 남용하는 것이 대화와 그들의 생활 속에 습관처럼 자리를 잡았다면 이는 매우 심각한 죄다.

3. 자신이 하나님의 백성이라고 말하면서 하나님의 이름을 남용하는 것에는 어떤 것들이 있습니까?

위선자들과 타락하는 자들이 여기에 속한다(히 6:6). 그들은 신앙 고백을 가지고 있으며 교회의 규례 가운데 있지만, 계명을 지키지 않으며(요일 2:4) 부도덕한 삶을 산다(유 1:4). 물론 이들이 하나님의 이름을 부르고 자신들이 하나님의 백성이라고 말하지만, 그들에게는 구원의 은혜의 증거가 없다. 그들은 교회의 규례(설교, 성찬, 기도)에 참석하지만, 형식적이며 피상적이고 또한 육신의 습관에 불과하다. 교회의 규례들이 그들에게 영적으로 전혀 도움을 주지 않는다(사 29:13-14).

4. 하나님의 말씀과 사역을 남용하는 것에는 어떠한 것들이 있습니까?

하나님의 말씀을 잘못 해석하고 적용하는 것과 호기심으로 헛된 생각을 하며, 교만한 마음으로 억지로 푸는 것이다. 물론 잘못된 교리를 주장하는 것도 하나님의 말씀을 남용하는 것이며, 하나님의 진리와 은혜와 구원의 방식을 반대하는 것도 여기에 해당된다. 하나님의 사역을 남용하는 것은 하나님이 하신 일에 대해 불평하고 원망하는 것이다. 한편으로, 하나님의 섭리에 대해서 싸우는 것도 하나님의 사역을 남용하는 것이다(민 13:32-33).

질문 56. 제3계명에 부가된 논증은 무엇입니까?

답 | 제3계명에 부가된 논증은 이 계명을 어기는 자가 사람으로부터 오는 심판을 피할 수 있다 하더라도 주 우리 하나님은 그들로 자신의 의로우신 심판을 피하지 못하게 하신다는 것입니다.

---

1. 제3계명을 어길 경우 하나님의 심판이 있다는 것을 강조한 이유는 무엇입니까?

하나님의 무한하신 영광과 탁월하심에 대해서 사람들은 마땅히 경외해야 하며, 겸손함으로 하나님을 찾고 구해야 하고, 하나님이 자신이 계시한 대로 사람들이 하나님을 예배하는 것을 요구하시기 때문이다(시

83:18). 하나님이 우리에게 언약의 하나님으로 계시하시며 그리스도 안에서 은혜를 베풀고 계시는데, 이것에 대해 우리에게 요구하시는 것은 하나님의 이름을 함부로 부르지 않는 것과 하나님에 대한 존경과 감사다(출 15:2).

2. 제3계명을 어긴 것에 대해서 죄 없다고 하지 않겠다는 하나님의 말씀은 무슨 의미입니까?

하나님의 이름을 남용하고 오용한 것을 위중한 죄로 다스리시겠다는 의미다. 하나님이 그 죄에 대해서 물으시고, 죄에 대해 심판하겠다고 말씀하신 것은 제3계명을 어긴 죄가 결코 가볍지 않다는 것이다(슥 5:3). 더욱이 하나님은 자신의 이름을 헛되이 부르는 자들에 대해서 원수와 같이 다루겠다고 말씀하셨는데, 이 죄에 대해서 주목하고 계신다는 뜻이다(말 3:5). 따라서 하나님의 이름을 부르는 것에 있어서 주의를 기울여야 한다.

3. 제3계명을 어긴 것에 대한 하나님의 심판은 어떤 것입니까?

제3계명을 어긴 것에 대해서 사람의 법으로 심판할 수 없다. 사람들은 하나님을 마음에 두지 않고, 세상은 하나님을 부정하는 것으로 가득 차 있으며, 권세 있는 자들 가운데 하나님을 무시하는 사람들이 많기 때문이다. 따라서 사람들이 하나님의 이름을 함부로 남용한 것에 대해 사람들은 심판할 수 없다. 그러나 하나님은 하나님의 이름을 남용하고 오용한 자들에 대해서 반드시 심판하겠다고 하신 것이다(암 3:2). 하나님은 결코 모독을 당하지 않으시기 때문이다(갈 6:7). 하나님은 땅에서 망령된 자들을 끊어 내시고 땅에 기근을 보내기도 하신다(신 28:58-59).

> **질문 57. 제4계명은 무엇입니까?**
>
> 답 | 제4계명은 "안식일을 기억하여 거룩하게 지키라 엿새 동안은 힘써 네 모든 일을 행할 것이나 일곱째 날은 네 하나님 여호와의 안식일인즉 너나 네 아들이나 네 딸이나 네 남종이나 네 여종이나 네 가축이나 네 문 안에 머무는 객이라도 아무 일도 하지 말라 이는 엿새 동안에 나 여호와가 하늘과 땅과 바다와 그 가운데 모든 것을 만들고 일곱째 날에 쉬었음이라 그러므로 나 여호와가 안식일을 복되게 하여 그날을 거룩하게 하였느니라"입니다.

1. 십계명에서 제4계명은 무엇입니까?

"안식일을 기억하여 거룩하게 지키라 엿새 동안은 힘써 네 모든 일을 행할 것이나 일곱째 날은 네 하나님 여호와의 안식일인즉 너나 네 아들이나 네 딸이나 네 남종이나 네 여종이나 네 가축이나 네 문안에 머무는 객이라도 아무 일도 하지 말라 이는 엿새 동안에 나 여호와가 하늘과 땅과 바다와 그 가운데 모든 것을 만들고 일곱째 날에 쉬었음이라 그러므로 나 여호와가 안식일을 복되게 하여 그날을 거룩하게 하였느니라"(출 20:8-11)이다.

제4계명은 우리가 하나님께 드려야 할 예배의 시간이 정해졌다는 것이다. 하나님이 자신의 말씀 가운데 예배의 시간을 특정하셨다. 하나님이 7일 중 하루를 거룩하게 구별하셔서 그날을 온전히 안식일로 지키라고 말씀하셨다. 모든 사람이 하나님께 반드시 예배드려야 하며, 그날을 잊을 수 없게 하셨다(겔 22:26). 제4계명은 하나님이 창조하신 후 직접 본을 보이심으로 하나님이 제정하셨다는 것을 분명히 하셨다. 따라서 제4계명은 의식법이 아니라 도덕법이다.

2. 제4계명은 의식법에도 포함되어 있는데, 유월절 같은 절기와 함께 의식법이 아닙니까?

제4계명은 구약의 의식법과 관련되어 있다. 더욱이 구약에는 유월절, 칠칠절 같은 절기들이 있다. 그러나 제4계명은 하나님이 창조하신 후 직접 지키신 것으로서, 의식법이 있기 전부터 있었던 도덕법이다. 물론 제4계명이 의식법과 관련되었다 하더라도 도덕법의 성격 때문에 영속성을 가지는 것이다. 왜냐하면 그리스도가 안식일을 주일로 변경하셨기 때문이다. 만약에 안식일이 의식법이라면 그리스도의 십자가 죽음 이후에 폐지되었을 것이다. 따라서 신약에서 주일을 제외하고 절기와 같은 날들을 지키는 것은 그리스도의 구속의 은혜를 무시하는 것이다(갈 4:10; 골 2:16-17). 그리스도가 십자가에서 죽으심으로 구약의 의식들은 더 이상 유효하지 않기 때문이다.

> 질문 58. 제4계명에서 요구하는 것은 무엇입니까?
>
> 답 | 제4계명에서 요구하는 것은 하나님이 자신의 말씀에 정하신 대로 그날을 하나님께 거룩하게 지키는 것입니다. 하나님은 7일 가운데 하루를 자신에게 거룩한 안식일이라고 표현하셨습니다.

1. 하나님이 예배의 날을 정하신 이유는 무엇입니까?

하나님은 자신에게 드려지는 예배를 위해 특정한 날을 정하셨다. 하나님은 예배의 날을 사람들의 뜻에 맡겨 두지 않으셨다. 하나님이 직접 예배의 날을 정하신 것은 하나님의 주권을 나타내는 것이며, 우리가 예배를 드릴 때 하나님께 굴복되어야 함을 의미한다. 하나님이 우리가 가지고 있는 시간과 날들에 대해서도 주권을 가지고 계신다는 것을 나타낸다. 따라서 사람들의 편리에 따라서 예배의 날을 정할 수 없다. 더욱이 모든 사람은 하나님께 예배해야 할 뿐만 아니라 하나님이 정하신 날에 예배해야 한다. 왜냐하면 제4계명은 창조 시의 계명으로서, 모든 인류에게 적용되기 때문이다. 그러나 아담이 타락한 이후 사람들은 하나님을 찾아 예배하지도 않으며 하나님께 예배할 날을 자신들을 위해 사용하는데, 이는 계명을 어기는 것이다.

2. 하나님이 안식일을 거룩하다고 말씀하신 이유는 무엇입니까?

하나님이 그날을 자신에게 드려지는 예배를 위해 구별하셨기 때문이다. 물론 다른 날에도 하나님께 예배할 수 있다. 그러나 안식일은 다른 날과 달리 구별하여, 그날에는 반드시 예배하게 하신 것이다. 하나님은 자신의 백성들이 이날에 예배하는 것을 기뻐하시며(요 20:19, 26), 특별히 이날에 은혜 베풀기를 즐거워하신다(요 21:14-18). 그래서 안식일을 하나님께 구별하여 드려야 한다. 하나님께 이날에 예배함으로 하나님의 영광을 드러내야 한다. 이날을 거룩히 지키는 것은 특별히 하나님을 모르는 사람들 앞에 하나님의 영광을 나타내는 일이다.

질문 59. 하나님은 7일 가운데 어떤 날을 안식일로 정하셨습니까?

답 | 세상 시작으로부터 그리스도의 부활까지 하나님은 주간의 날 가운데 제7일을 안식일로 정하셨습니다. 그 이후로부터 세상의 끝 날까지 주중에 첫째 날로 정하셨는데, 이는 그리스도인의 안식일입니다.

---

1. 창조 시에 안식일이 어떻게 지정되었습니까?

하나님이 6일 동안 모든 만물을 만드는 것을 완성하시고 제7일을 안식일로 정하셨다. 이는 하나님의 창조가 완전하게 완성되었다는 것을 의미한다. 제7일의 안식일은 그리스도의 부활 직전까지 지속되었는데,

하나님은 하나님의 창조와 이스라엘 백성이 애굽에서 구속된 것을 기억하고 하나님께 예배하게 하셨다. 모세를 통해서 하나님이 의식법을 주셨을 때 안식일 계명과 의식법은 상호 연결되어 있었다. 그러나 예수 그리스도가 십자가에 죽으심으로 의식법은 더 이상 유효하지 않게 되었는데, 이때 안식일 계명이 없어진 것이 아니다. 그리스도가 안식일을 주중의 첫째 날로 옮기셔서 안식일의 의미는 계속되었다(행 20:7).

2. 그리스도가 부활 후 안식일을 주일로 바꾸신 이유는 무엇입니까?

창조 이래로 그리스도의 부활 전까지 안식일을 준수해 왔다. 그리스도가 부활하신 후에 안식일을 주일로 변경하셨는데, 그리스도가 안식일의 주인이시기 때문이다(막 2:28). 그리스도가 주중의 첫째 날에 부활하셨는데(막 16:9), 이날은 그리스도의 구속의 영광스러운 사역이 완성된 것을 증명하는 날이다(계 1:10). 그리고 이날은 그리스도가 모든 수고로부터 안식하신 날이다(히 4:10; 눅 24:26). 그리스도는 하나님으로서 이날에 예배를 받으신다. 그래서 이날을 '주일'로 부른다. 그리스도가 자신의 영광과 예배를 위해 거룩하게 구별하셨기 때문이다. 초대교회의 그리스도인들은 주일을 지켰고(계 1:10), 이날은 '그리스도인의 안식일'이라고 부르기도 한다.

> 질문 60. 안식일을 거룩하게 지키는 방법은 무엇입니까?
>
> 답 | 안식일을 거룩하게 지키는 방법은 다른 날에 합법적으로 할 수 있는 세상적인 일들과 오락으로부터 쉬는 것입니다. 그리고 이날을 공적인 예배와 개인의 예배로 모든 시간을 사용하는 것입니다. 다만 부득이 자비를 베풀어야 하는 경우에는 예외입니다.

1. 안식일을 거룩히 하는 방법으로 거룩한 쉼은 무엇을 말하는 것입니까?

안식일을 거룩히 한다는 것은 하나님께 구별하여 드린다는 것이다. 안식일을 거룩히 하기 위해서는 거룩한 쉼이 필요하다. 거룩한 쉼이란 세상적인 일과 오락을 쉬는 것이다. 세상적인 일과 오락은 주중에는 할 수 있는 합법적인 것이지만, 안식일에는 할 수 없다. 안식일에는 육체적 노동으로부터 쉬어야 하며, 세상적인 이득을 얻기 위한 사업도 쉬어야 한다(느 13:15-22). 이러한 일들을 쉬어야 하는 이유는 마음에 세상적인 것이 가득 차 있고 분주한 상태에서는 하나님께 온전히 예배할 수 없기 때문이며, 육신적인 것을 억제하여 죄를 짓지 않게 하기 위해서다.

2. 신약의 주일도 구약의 안식일처럼 지켜야 합니까?

신약의 그리스도인들도 구약의 유대인들과 같이 엄격하게 그리스도인의 안식일인 주일을 지켜야 한다. 이는 변하지 않는 도덕적 규정이기 때문이다. 안식일 규정에서 음식 준비를 위한 육체적 노동을 금하고 있다. 안식일에 불을 피우는 것도 금지되었다(출 16:23-30). 안식일에 만나를 거두러 가는 것도 금하고 있다. 이러한 육체적 노동이 음식을 위한 것일지라도 금지되었는데, 신약에서도 유추 적용될 수 있다. 신약에서도 먹고사는 문제로 인한 육체적 노동은 주일에 허락되지 않는다. 이것은 하나님의 백성이 세상과 재리에 대한 염려로 하나님을 잊어버리지 않게 하기 위해서다. 안식일은 육체적 노동을 쉼으로 우리에게 모든 것을 공급해 주시는 하나님께 맡기고 의탁하는 날이다.

3. 안식일(주일)은 축제의 날로 즐거워하는 날인데, 굳이 오락을 금지하는 이유가 있습니까?

안식일(주일)은 축제의 날이 분명하다. 그런데 육신적 성질의 축제가 아니라 영적인 성질의 축제다. 그래서 우리에게 영적으로 필요한 모든 것을 공급받으며 영적으로 새롭게 하는 날이다. 주일에 영적이면서 천성적인 대화로 영혼을 새롭게 하는 것이다(눅 14:1-35). 육신적인 오락은 육신의 성향을 더욱 부추겨 영적인 예배에 방해가 된다. 더욱이 주일은 이렇게 영혼을 새롭게 하기 위해서 영혼에 필요한 모든 것을 구입하여 나머지 6일 동안 영적으로 살아야 하기 때문에 중요하다. 그러나 주일마저도 세상적이며 육신적인 일에 빠져 있다면 주중의 삶이 영적일 수 없다.

4. 안식일(주일)에 실행해야 하는 거룩한 의무에는 어떤 것들이 있습니까?

그리스도인은 안식일(주일)에 공예배와 가정예배에 참석해야 한다. 공예배에서 하나님의 말씀의 설교를 듣고(롬 10:17), 회중과 함께 기도하고 찬양해야 한다(눅 24:53). 그리고 성례에 참여해야 한다(행 20:7). 물론 그리스도인들은 공예배 후에 가정에서 예배해야 하는데, 가족들이 모여서 성경을 읽고(신 6:7), 교리문답을 공부하고, 성경과 교리에 대해서 논의하고(느 8:1-3), 하나님께 기도드리며(사 58:13-14), 하나님을 찬양하는 것이다. 가정예배는 매일의 의무이지만, 특별히 주일에 가장이 인도하며 드려야 한다. 성경에서 아브라함이 가정예배를 드렸으며(창 18:19), 여호수아가 드렸고(수 24:15), 다윗도 드렸다(삼하 6:20).

5. 안식일(주일)에 공예배와 가정예배와 함께 개인적인 예배를 어떻게 드립니까?

그리스도인들은 공예배와 가정예배와 함께 개인적인 예배를 드려야 한다. 개인적인 예배는 은밀한 기도와 성경을 읽는 것과 신앙 서적을 읽고 묵상하면서 자기 점검을 하는 것이다. 개인적인 예배는 자신의 영적 상태를 살피고 자신의 영적 성향을 고무시키는 일에 중요하다(계 1:10; 시 95:6-7). 안식일에 개인적인 예배를 통해서 하나님의 은혜의 풍성함을 확인하고 자신의 영혼을 성령의 감화로 더욱 고무시키는 것이다. 이러한 은혜의 수단을 통해서 하나님이 은혜를 풍성하게 주실 것을 약속하고 있기 때문이다(눅 4:31-32).

6. 안식일(주일)에 여러 가지 예배를 통해 거룩하게 하는 이유는 무엇입니까?

의식법이 주어졌을 때, 안식일에는 매일 드리는 상번제와 전제 외에 소제와 전제를 드리도록 되어 있다(민 28:9). 안식일에는 매일 드리는 예배의 두 배가 된다. 이렇게 하루 종일 하나님께 예배를 드림으로써 안식일(주일)을 온전히 거룩하게 드릴 수 있다. 안식일(주일)을 하나님께 예배드리는 것에 전적으로 사용함으로써 하나님을 영화롭게 해드리고, 자기 스스로에게는 죄를 억제하고 세상적이 되지 않게 하는 것이다.

7. 안식일(주일)에 허락되는 일은 무엇입니까?

안식일(주일)에 부득불 허락되는 일은 자비를 베푸는 일과 지체되면 생명이 위험할 경우다. 자비의 일이라는 것은 우리의 몸을 적당히 새롭게 하는 것과(눅 6:1), 병자를 방문하고 그들의 치료를 위해서 해야 할 일들을 포함한다(눅 13:16). 위험에 처해 있는 사람들의 생명을 보전하기 위한 일과 가난한 자들을 위한 구제도 포함된다(고전 16:2). 한편으로, 예기치 못한 사건이 일어나서 지체되면 위험해지는 경우도 주일에 허락되는 일이다. 적이 침공하여 피난을 가야 하는 경우와 화재가 발생해 불을 꺼야 하는 경우, 태풍이 와서 배를 묶어야 하는 경우 등이 해당된다.

8. 안식일(주일) 계명에서 가정의 가장에게와 주인에게 특별히 지시하고 있는 이유는 무엇입니까?

가정에서의 가장은 가족의 책임자이며, 주인과 종 사이에서 주인은 종을 다스리고 인도하는 책임이 있다. 안식일(주일) 계명은 이들에게 특별한 당부와 책임을 요구하고 있다. 가장은 집안에 있는 식구들이 안식일(주일)을 거룩하게 지키도록 지도할 책임이 있으며, 주인은 종들이 안식일(주일)을 더럽히지 않게 할 책임이 있다. 물론 이것은 국가의 지도자에게도 부여된 책임이다(느 13:21). 가장과 주인과 지도자들은 안식일(주일)을 거룩하게 지키는 본을 보여야 할 책임이 있는데(느 13:17), 이는 하나님이 세우신 가정과 사회와 국가가 하나님의 주권을 인정하고 하나님을 예배해야 한다는 것을 기억하게 하는 것이다. 그래서 제4계명은 "안식일을 기억하여"라는 문구로 시작한다.

질문 61. 제4계명에서 금지하는 것은 무엇입니까?

답 | 제4계명에서 금지하는 것은 명령한 의무를 이행하지 않거나 혹은 게으름과 죄 된 행위들을 하거나 혹은 불필요한 생각들과 말, 행위들, 세상적인 일들과 오락들로 이날을 더럽히는 것입니다.

1. 제4계명에서 금지하는 규정 가운데 의무를 행하지 않는 것에 대해서 어떻게 말하고 있습니까?

제4계명은 안식일을 준수하는 것에 있어서 부과된 의무를 무시하고 이행하지 않는 것을 금하고 있다. 안식일에 수행해야 할 의무에 주의하지 않고 무시한다는 것은 주간에도 신앙적인 의무를 이행하지 않는다는 증거다. 이들은 무신론자와 신성 모독자와 배교자처럼 살아가는 자들이다. 안식일에 관해 규정하고 있는 신앙적 의무에 주의하지 않는다는 것은 형식적인 종교 생활을 하고 있다는 증거다(마 15:8). 더욱이 신앙적 의무를 부분적으로 수행하는 방법으로서 공예배에 참석했지만 그 후의 삶은 오락과 세상적인 것에 몰두하는 것도 의무를 무시하는 것이다.

2. 신앙적 의무를 수행하는 것에 있어서 형식적인 상태는 어떤 것입니까?

안식일(주일)에 몸은 예배에 참석했지만 그 심령에 은혜의 원리가 심기지 않아서 형식으로만 준수하는 경우가 있다. 이러한 경우, 예배에 참석했다 할지라도 여러 가지 생각들로 마음은 혼동 상태에 있으며, 때로는 졸기도 하고 피곤해하는 모습을 보인다. 그 마음이 세상적인 것으로 가득 차 있어서(암 8:5) 하나님의 말씀의 설교가 들리지 않으며, 기도를 드릴 때 엉뚱한 생각을 하고 있으며, 회중이 찬송할 때에는 입술만 움직인다. 이는 하나님의 말씀을 경멸하는 태도이며, 위대하신 하나님의 임재 앞에서 죄를 짓는 것이다.

3. 안식일(주일)에 게으른 행위들에는 어떤 것들이 있습니까?

안식일에 게으른 행위는 이날을 더럽히는 행위다. 안식일(주일)에 배회하는 행위가 여기에 속하며, 낮잠을 잔다거나 혹은 예배에 적극적인 태도를 가지지 않는 것이다. 안식일(주일)에 신앙적 의무에 게으른 자들은 이날에 주께서 약속하신 영적 유익들을 얻지 못할 뿐만 아니라 이날을 더럽힘으로 인하여 죄를 짓는 것이다. 안식일(주일)에는 보다 적극적으로 하나님께 예배를 드리고, 자신의 영적 유익을 위해 교리를 배우고, 성경의 주제에 대한 논의에 참여해야 한다. 이러한 것들을 소홀히 하게 되면 자연스럽게 몸은 게으름에 빠질 수밖에 없다.

4. 안식일(주일)을 더럽히는 행위들에는 어떤 것들이 있습니까?

안식일(주일)에는 경건한 대화를 하는 것이 의무다. 그러나 불필요한 생각들을 하고, 경건하지 않으며 세상적인 대화를 하는 것은 안식일(주일)을 더럽히는 행위들이다. 물론 세상적인 일을 하고 육신적인 오락을 행하는 것은 안식일(주일)을 더럽히는 행위인데, 이러한 것들은 거룩의 성질과 반대된다(사 58:13). 따라서 안식일(주일)을 시작하면서부터 기도로 시작해야 하며, 하루를 마무리할 때에도 자신의 말과 행동들을 돌아보아야 한다. 더욱이 안식일(주일)은 주 안에서 기쁨과 즐거움을 얻는 날이기 때문에(사 58:14) 말과 행동에 있어서 영적 주의를 기울여야 한다.

> 질문 62. 제4계명에 부가된 논증들은 무엇입니까?
>
> 답 | 제4계명에 부가된 논증들은 하나님이 우리 자신으로 하여금 일을 하도록 주중에 6일을 허락하시는 것과 7일 가운데 하루에 대해서 특별한 소유권을 주장하시는 것과 친히 자신이 본을 보이셨고, 안식일을 축복하신 것입니다.

1. 제4계명에서 부가된 논증들의 첫 번째는 무엇입니까?

하나님이 우리에게 일을 하도록 주중의 6일을 허락하신 것이다. 6일을 우리에게 일하도록 허락하셨다는 것에 대해 하나님께 감사해야 한다. 우리 자신을 위해서 일할 수 있게 해주신 하나님의 너그러우심을 인정해야 한다. 그래서 안식일(주일)을 감사함으로 하나님께 온전히 드려야 하는 것이다. 안식일(주일)은 우리의 날이 아니라 주의 날로서, 마땅히 하나님께 예배로 드려야 한다. 특별히 이날은 하나님의 풍성하심을 기억해야 하는 날이다.

2. 제4계명에서 부가된 논증들의 두 번째는 무엇입니까?

제4계명에서 부가된 두 번째 논증은 안식일(주일)이 주님의 소유인 것이다. 주께서 이날이 자신의 소유라고 말씀하시면서 이날에 자신과 교통할 수 있다고 약속하신 것이다(사 58:14). 주의 백성은 이날을 통하여 주님과 교통하는 특권을 누릴 수 있다. 이날에 하나님의 은혜를 맛보고 즐거워한다(고전 16:1-2). 더욱이 이날은 주의 날이기 때문에 우리의 개인적인 목적으로 사용할 수 없다. 이날에 개인적인 행사를 한다거나, 자신의 개인적인 목적을 이루기 위해 이날을 사용해서는 안 된다. 이날을 개인의 용도로 사용하는 것은 주의 날을 도둑질하는 것이다.

3. 제4계명에서 부가된 논증들의 세 번째는 무엇입니까?

제4계명에서 부가된 세 번째 논증은 주께서 이날을 지키는 것에 있어서 자신이 친히 본을 보이신 것이다. 주께서 직접 본을 보이신 것은 도덕적 성질로 우리에게 의무다. 하나님이 직접 안식일에 거룩한 쉼을 보이셨다. 하나님이 우리에게 직접 본을 보이신 대로 우리가 이날을 지켜야 한다.

4. 제4계명에서 부가된 논증들의 네 번째는 무엇입니까?

제4계명에 부가된 네 번째 논증은 주께서 안식일을 축복하신 것이다. 하나님은 이날을 거룩한 용도로 사용되도록 구별하셨을 뿐만 아니라 이날을 거룩하게 지키는 자들을 축복하겠다고 선언하셨다. 하나님이 안식일(주일)을 잘 준수하는 자들에게는 자신의 섭리 속에서 축복할 것을 명령하신 것이다. 그러나 반대로 이날을 거룩하게 지키지 못하고 더럽히는 자들에게는 모든 비참함이 임할 것이라고 말씀하셨다(느 13:18). 안식일을 거룩하게 지키는 자들에게 이날은 보다 풍성한 은혜의 교통 속에서 행복한 날이다(사 58:14). 따라서 우리는 창조와 구속을 바라보면서 이 날을 거룩하게 지켜야 한다.

> 질문 63. 제5계명은 무엇입니까?
>
> 답 | 제5계명은 "네 부모를 공경하라 그리하면 네 하나님 여호와가 네게 준 땅에서 네 생명이 길리라"입니다.

> 질문 64. 제5계명에서 요구하는 것은 무엇입니까?
>
> 답 | 제5계명에서 요구하는 것은 자신의 위치와 관계 가운데 있는 모든 이에게 윗사람으로서, 아랫사람으로서 혹은 동급자로서 그들의 명예를 유지하고, 의무를 수행하는 것입니다.

1. "네 부모를 공경하라"라는 제5계명에서 '부모'는 누구를 의미합니까?

제5계명에서의 '부모'는 우리의 어머니와 아버지는 물론이거니와 나이에 있어서 우리보다 연장자를 포함하고, 하나님이 세우신 기관인 가정, 교회, 시민 정부에서 권위의 위치에 있는 사람들을 의미한다. 가정에서의 부모들은 자녀들을 가르치고 그들이 하나님께 의무를 다하도록 지도

하는 위치에 있으므로 하나님이 권위를 부여하셨다. 하나님은 교회를 질서 있게 하시기 위해서 권위 있는 자들을 세우셔서 진리를 보전하고 거룩을 유지하게 하셨다. 시민 정부 역시 하나님의 공의를 시행하기 위해서 하나님으로부터 권위를 받았다. 제5계명은 하나님이 권위를 부여하신 자들에게 순종하고 존경하라는 것이다.

2. "부모를 공경하라"라는 명령에서 요구하는 것은 무엇입니까?

공경하는 것은 내적으로 존경의 마음을 갖는 것이며, 외적으로는 존경하는 몸의 태도를 갖는 것이며(롬 13:9) 그들에게 순종하는 것이다(히 13:7). 권위자에게 순종하는 법칙은 하나님의 율법이며, 따라서 하나님보다 인간에게 순종할 수 없다(행 4:19). 순종해야 하는 권위자들은 하나님이 세우신 위치에 있는 자들이다(딤전 5:1-2). 하나님은 어떤 이가 부자이기 때문에 그에게 순종하라고 말씀하지 않으셨다. 하나님이 다른 사람의 유익을 위해 세우신 권위자들에게 순종하라고 요구하시는 것이다(히 13:17).

3. 우리의 부모를 어떻게 공경해야 합니까?

부모의 의무는 하나님을 위해서 자녀들을 훈계하고(잠 22:6), 하나님의 말씀을 가르쳐서 지식이 있게 하고, 참된 신앙의 고백이 있도록 양육하는 것이다(신 6:7). 부모는 자녀들 앞에서 하나님의 말씀을 지키는 본을 보여야 한다(시 101:2-3). 부모는 자녀들의 잘못에 대해서 교정해야 하며(잠 13:24), 하나님이 자녀들을 축복해 주시기를 기도해야 한다(창 48:15-16). 이러한 부모의 역할과 기능으로 인하여 하나님은 부모에게 권세를 주셨다. 따라서 자녀들은 자신들의 부모를 사랑하고(창 46:29), 존경하며(레 19:3; 말 1:6), 부모의 권고를 들으며(잠 4:1), 부모의 합법적인 명령에 순종해야 한다(엡 6:1). 부모의 물질적 부족에 대해 공급해 주어야 한다(창 47:12). 특별히 나이가 든 부모에게 물질적인 공급을 해야 한다(룻 4:15).

4. 시민 정부의 권위자들을 어떻게 공경해야 합니까?

시민 정부의 권위의 위치에 있는 자들은 선한 법을 세우고(왕하 18:4) 그 법을 공평하게 시행해야 한다(롬 13:3-4). 또한 시민들이 자유롭게 신앙생활 할 수 있도록 그들을 보호해 주어야 한다(벧전 2:14). 그리고 권위자들은 교회를 안전하게 해야 한다(사 49:23). 이러한 시민 정부의 권위자들에 대해서 시민들은 그 권위가 하나님으로부터 온 것을 인정하고 존경해야 하고(삼하 9:6), 그들의 법에 복종해야 한다(전 8:2). 또한 시민으로서 세금을 내며(롬 13:7), 그들을 위해 기도해 주어야 한다(딤전 2:1-2). 그리고 그들의 권위를 보호해 주어야 한다(삼상 26:15-16).

5. 교회에서 사역자들을 어떻게 공경해야 합니까?

교회에서 말씀의 사역자들의 의무는 부지런히 연구하고(딤전 4:15) 복음을 성실히 외치는 것이다(딤후 4:2). 복음 사역자는 주저함 없이 하나님의 모든 말씀을 가르쳐야 하며(행 20:27), 모범적인 삶으로 자신이 가르치는 교리가 옳다는 것을 증거해야 한다(딤전 4:12). 복음 사역자는 영혼을 돌보고(히 13:17), 그들을 위해 기도하며(롬 1:9), 모든 의무를 다해야 한다(벧전 5:2). 따라서 신자들은 복음 사역자들의 사역을 위해서 사랑 가운데 그들을 존경하며(살전 5:13), 그들을 위해 기도하고(롬 15:30), 그들의 사역을 위해 생활에 염려하지 않도록 물질을 제공해 주고(갈 6:6), 그들의 가르침에 부지런히 참석해야 한다(히 10:25). 한편으로, 복음 사역자가 가르치는 것을 공격하고 부당하게 비난하는 자들로부터 그들을 보호해야 한다(딤전 5:19).

6. 제5계명에서 남편과 아내의 관계에서 부과된 의무는 무엇입니까?

남편과 아내 모두 서로를 사랑해야 하며(엡 5:28, 33) 그들의 결혼의 언약에 대해서 신실해야 한다(말 2:14-16). 남편과 아내 모두 정조를 지켜야 하고 침상을 더럽혀서는 안 된다. 남편과 아내는 영적인 증진을 위해서 수고해야 하며 이 세상에서 필요한 것들을 공급해야 한다(딤전 5:8).

7. 제5계명에서 젊은이들에게 부과된 의무는 무엇입니까?

젊은이들은 나이가 있는 자들을 존경하고(레 19:32) 그들 앞에서 겸손해야 한다. 젊은이들은 그들의 의로운 삶을 본받아야 한다(잠 16:31). 교회에서 젊은이들은 장로들을 존경하고, 그들의 가르침을 받아들이고, 그들의 모범적인 삶을 본받아야 한다.

질문 65. 제5계명에서 금지하는 것은 무엇입니까?

답 | 제5계명에서 금지하는 것은 그들의 위치와 관계에 있는 모든 이에게 속한 영예와 의무를 무시하는 것과 반대로 행하는 것입니다.

1. 제5계명에서 낮은 위치에 있는 자가 높은 위치에 있는 자에 대해서 금지하고 있는 것은 무엇입니까?

낮은 위치에 있는 자가 높은 위치에 있는 자를 시기하고 경멸하거나 그들의 위치에 대해서 반역하는 것을 금하고 있다. 또한 높은 위치에 있는 자들의 합법적인 권고와 명령과 시정에 대해서 거부하고 듣지 않는 것을 금하고 있다. 자녀가 부모에게 굴복하지 않고, 순종하지 않으며, 공경하지 않는 것을 금하고 있다. 종의 경우에는 게으른 것을 금하고 있으며, 말씀 사역자와 신자의 관계에서 신자가 말씀 사역자를 존경하지 않으며 그에 대해서 나쁜 말을 하거나 그를 위해 기도하지 않는 것을 금하고 있다. 권세자와 백성의 관계에 있어서 백성이 자신에게 부과된 세금을 내지 않거나 권세자를 존경하지 않는 것을 금하고 있다.

2. 제5계명에서 높은 위치에 있는 자에 대해서 금지하고 있는 것은 무엇입니까?

높은 위치에 있는 자가 낮은 위치에 있는 자에게 불법적인 것을 명령하거나 그들의 능력 밖의 일들을 요구하며 또한 그들을 멸시하고 실망시키는 것을 금하고 있다. 부모와 자녀의 관계에서 부모가 자녀를 돌보지 않는 것과 훈련하지 않는 것을 금하고 있다. 주인과 종의 관계에서 주인이 종에게 임금을 주지 않는 것을 금하고 있으며, 말씀 사역자와 신자의 관계에서 말씀 사역자가 신자의 영적 상태에 대해서 무지하거나 그를 영적으로 돌보는 일에 주의하지 않는 것을 금하고 있다. 백성과 권세자의 사이에서는 권세자가 불공평하게 행하고 악인을 처벌하지 않는 것을 금하고 있다.

3. 모세의 법에서는 자녀들이 부모에게 악하게 하는 것에 대해서 어떻게 규정하고 있습니까?

자신의 아버지와 어머니를 때리는 자는 죽이라고 명령하고 있다(출 21:15). 또한 자신의 아버지와 어머니를 저주하는 자도 죽이라고 명령한다(출 21:17). 이 같은 범죄에 대해서 강력한 심판이 요구되는 이유는 죄가 심각하고 중하기 때문이다. 이는 자연법의 빛을 거스르는 것이며, 감사하지 않는 패역한 죄이고, 악독한 불순종의 죄다. 신약에서도 이러한 죄에 대해서 우리 주께서 동일한 심판을 말씀하셨다(마 15:4).

4. 제5계명에서 남편과 아내의 관계에서 금하고 있는 것은 무엇입니까?

남편과 아내의 관계에 있어서 남편이 가족을 돌보지 않는 것과 아내를 사랑하고 위로하지 않는 것을 금하고 있다. 아내가 남편을 존경하지 않거나 남편보다 높아지려는 것을 금하고 있다.

질문 66. 제5계명에 부가된 논증은 무엇입니까?

답 | 제5계명에 부가된 논증은 계명을 지키는 모든 이에게 하나님의 영광과 그들의 유익을 위해 섬기는 것이 되는 한 장수와 번영에 대한 약속입니다.

---

1. 제5계명에 부가된 약속은 무엇입니까?

이 계명을 지키는 모든 자에게 장수와 번영이 약속되어 있다. 이는 경건이 모든 것에 유익이 됨을 보여 주는 것이다(딤전 4:8). 제5계명에 부가된 약속에 장수와 번영이 같이 있는 것은 단지 장수만 있다면 매우 부담스러운 것이기 때문이다(요삼 1:2). 따라서 이 세상의 일시적인 것이지만 번영이 함께 약속되어 있다. 이처럼 제5계명에 약속이 부가된 이유는 이 계명을 지키는 자들에게 용기를 북돋워 주기 위해서다.

2. 제2계명에도 축복의 약속이 붙어 있는데, 제5계명을 '약속이 붙어 있는 첫 번째 계명'이라고 부르는 이유는 무엇입니까?

제2계명에 "나를 사랑하고 내 계명을 지키는 자에게는 천 대까지 은혜를 베푸느니라"(출 20:6)라는 약속이 붙어 있다. 그런데 제5계명을 '약속이 붙어 있는 첫 번째 계명'이라고 부르는(엡 6:2) 이유는 두 번째 돌판의 첫 번째 계명이기 때문이다. 제2계명에 있는 약속은 하나님이 자비를 베푸시겠다는 것인데, 하나님을 사랑하고 하나님의 계명을 지키는 모든 자에게 적용되는 것으로, 제2계명을 지키는 자에게 주어진 특정한 약속이 아니라 모든 계명을 지키는 자에게 주어진 일반적 약속이다. 그러나 제5계명의 약속은 특별히 이 계명을 지키는 자에게 적용되기 때문에 '약속이 붙어 있는 첫 번째 계명'이라고 부르는 것이다.

3. 제5계명에 붙어 있는 약속이 특별한 이유는 무엇입니까?

하나님이 제5계명의 준수를 강력히 요구하시는 이유는 자신이 부모를 합법적 권위자로 세웠다는 것을 보여 주시려는 것이다(신 21:18-22). 가정에서 부모를 공경하지 않는 자들은 그들이 하나님을 섬기고 예배한다고 할지라도 그것은 거짓에 불과하다. 우선 눈에 보이는 권세 앞에서 순종하는 것을 하나님은 요구하시는 것이다. 그래서 하나님은 부모를 공경하는 자들에게 약속을 하셨으며, 이는 자녀들로 의무를 다하도록 격려하시는 것이다(잠 4:10).

4. 제5계명에 부가된 장수의 약속은 절대적인 것입니까, 아니면 제한적인 것입니까?

장수와 번영은 제한적인 약속이다. 제한적인 이유는 이러한 복이 하나님의 영광과 사람들의 유익을 위하는 범위에서 주어지는 것이기 때문이다(잠 30:8). 하나님이 사람들에게 장수와 번영의 복을 주셨는데, 그들의 경건에 유익이 되지 않고 하나님의 영광을 가리게 되면 하나님은 그 축복을 거두어 가신다. 더욱이 장수와 번영의 복은 이 땅에서의 위로에 해당되는 것이기 때문에, 영원한 위로와 축복이 더욱 중요하다(눅 16:25).

> 질문 67. 제6계명은 무엇입니까?
>
> 답 | 제6계명은 "살인하지 말라"입니다.

> 질문 68. 제6계명에서 요구하는 것은 무엇입니까?
>
> 답 | 제6계명에서 요구하는 것은 우리 자신의 생명과 다른 사람의 생명을 모든 합당한 노력으로 보전하라는 것입니다.

1. "살인하지 말라"라는 제6계명이 요구하는 것은 무엇입니까?

제6계명은 하나님의 형상으로 지음 받은 사람의 생명이 귀중하다는 것을 나타내고 있다. 따라서 제6계명은 자신의 생명과 다른 사람의 생명 보전을 위해 합법적인 노력을 요구한다. 폭력으로부터 자신을 방어하고, 음식물과 수면과 여가 생활을 통해서 자신의 생명을 잘 보전해야 한다. 다른 사람의 생명 보전을 위해서는 다른 사람을 위험한 상황에 빠트려 생명을 잃게 할 수 있는 모든 생각과 행위를 피하고 억제해야 한다.

2. 자신의 생명과 다른 사람의 생명 보전을 위해 합법적인 노력으로 제한한 이유는 무엇입니까?

자신의 생명과 다른 사람의 생명 보전을 위해 불법적인 수단들을 금하고 있다. 불법적인 수단이라는 것은 진리를 부정하는 것과(딤전 1:19-20) 거짓말하는 것(창 12:12-13) 등이다. 성경은 자신의 삶을 보전하기 위해서 진리를 부정하는 것보다 진리를 담대히 말하고 생명을 잃어버리는 것이 더욱 낫다고 말한다(마 10:32-33). 거짓말로 자신의 생명을 보전하는 것을 금지하는 이유는 악을 행하고 선의 열매를 거둘 수 없기 때문이다(롬 3:8).

3. 자신의 생명과 다른 사람의 생명 보전을 위해 요구되는 그리스도인의 덕목들은 무엇입니까?

다른 사람의 생명을 보전하기 위해서 그리스도인들에게 요구되는 덕목들은 사랑, 자비, 온유함, 친절함이다. 사람들이 싸우고 폭력을 일으키는 이유는 그들의 연약함 때문이다(잠 10:12). 이러한 연약함을 극복하게 하는 것이 사랑이다. 사람들이 재앙과 같은 일들을 만났을 때 그들을 도와주고자 하는 자비로운 심령이 있어야 한다(눅 10:33-34). 온유함은 친절하지 않은 것과 폭력적인 열정을 통제하는 기능을 가지고 있다(골 3:12). 물론 점잖은 대화를 통해서 악한 행위들을 억누를 수 있다(고전 13:5). 따라서 그리스도인의 이러한 덕목들은 사회의 폭력적인 것들을 통제하는 기능을 한다.

4. 제6계명이 재앙과 어려움에 처한 사람들에 대해서 어떤 의무들을 요구합니까?

재앙과 어려움에 처해 있는 사람들에게 실제적으로 도움을 주어야 한다. 선한 사마리아 사람처럼 생명이 보전될 수 있도록 모든 조치를 취해야 한다(눅 10:37). 성경은 과부와 고아에게 반드시 도움을 주라고 말한다. 이들은 자신의 힘으로 자신의 생명을 보전할 수 없는 경우에 해당된다(약 1:27). 한편으로, 슬픔에 빠져 있는 자들을 위로하는 것도 포함된다(잠 12:18). 이렇게 다른 사람들의 생명 유지를 위해 노력하는 것을 자비의 사역이라고 한다. 이것은 자신에게 은혜가 있음을 증거하는 수단이 된다. 말로만 하고 실제로 돕지 않는 것은 죄다(요일 3:17-18).

5. 다른 사람의 생명 보전을 위해 애쓴 것에 대한 하나님의 응답은 무엇입니까?

제6계명은 우리에게 어려움에 처해 있는 자들을 도와주라고 명령하고 있다. 하나님은 우리가 믿음으로 행한 모든 자비의 행위를 기억하신다. 양과 염소의 비유에서 구원받은 백성에 해당되는 양의 계열의 사람들에게 자비의 행위들이 있었다고 인정하셨다(마 25:34-36). 이는 그들의 자비의 행위로 구원받음을 의미하는 것이 아니다. 그들이 진정한 구원의 믿음이 있어서 자비의 행위가 있었으며, 한편으로 자신들의 자비의 행위를 의의 근거로 삼지 않았다는 것을 나타내고 있다. 우리의 자비의 행위들은 하나님께 영광을 돌리는 것이 된다. 하나님으로부터 받은 풍성한 은혜를 다른 사람에게 나누어 주는 것은 하나님의 풍성함을 증거하는 것이 된다.

질문 69. 제6계명에서 금지하는 것은 무엇입니까?

답 | 제6계명에서 금지하는 것은 자신의 생명을 취하거나 혹은 부당하게 우리 이웃의 생명을 끊거나 또한 그러한 결과로 이끄는 모든 것입니다.

1. 제6계명에서 일반적으로 금지하는 것은 무엇입니까?

제6계명에서 일반적으로 금지하는 것은 자신의 생명을 스스로 끊거나 다른 사람의 생명을 취하는 것이다. 제6계명에서 "살인하지 말라"라는 말씀의 의미는 다른 사람에게 해를 끼치지 말라는 것이다. "살인하지 말라"라는 계명은 다른 사람에게 분노하는 것, 다른 사람을 시기하는 것, 다른 사람을 미워하는 것이 죄라고 말한다(요일 3:15). 다른 사람을 중상모략하거나 그의 명예에 손상을 주는 것도 살인하는 것과 같다(마 5:21-22). 이렇게 마음과 말과 글로 사람을 죽일 수 있다. 비록 몸의 생명을 빼앗지는 않았을지라도 살인죄에 해당된다.

2. 마음의 살인죄에는 어떤 것들이 있습니까?

분노, 미움, 시기, 복수심이 마음으로 살인하는 것이다. 그리스도는 분노가 살인죄에 해당된다고 직접 말씀하셨다(마 5:22). 이웃에 대한 미움도 비록 생명을 취하지는 않았지만 살인죄에 해당된다(요일 3:15). 다른 사람을 시기하여 은밀히 그의 생명이 위험에 처하기를 바라는 것도 살인죄다(잠 27:4). 복수하고자 하는 마음도 살인죄에 해당된다. 성경은 모든 일을 공정하게 판단하여 합당한 심판을 하시는 분은 오직 하나님 외에 없다고 말한다(롬 12:19).

3. 실행되는 살인죄에는 어떤 것들이 있습니까?

말로 이웃이나 다른 사람의 생명을 위협하고, 욕을 하거나, 쓰디쓴 말을 하는 것은 살인하는 것이다(마 5:22). 다른 사람을 저주하거나 거짓 고소하여 그 사람의 몸에 해를 끼치는 것도 살인하는 행위다(마 5:21-22). 물론 행위로 다른 사람을 죽이는 것이 살인죄인데, 압제하고(겔 18:18) 때리는 것과 싸움을 통해서 상처를 입히는 것도 살인죄에 해당된다(약 4:1-2). 다른 사람이 어려움과 위험에 처해 있음에도 불구하고 그것을 무시하고 도와주지 않는 것도 살인죄다(암 6:6; 요일 3:17-18).

4. 살인죄는 언제부터 시작되었습니까?

아담과 하와는 에덴동산에서 하나님으로부터 계명을 받았다. 선악과를 먹지 말라는 것이었다. 그러나 계명을 어길 경우에는 반드시 죽을 것이라고 하셨다(창 2:17). 그러나 하와는 하나님의 계명을 의도적으로 어기고 말았다. 그리고 인류에게 죄가 들어오게 했고, 죄로 인한 하나님의 심판인 죽음이 들어오게 되었다. 아담과 하와는 하나님의 계명을 어김으로 자신들에게 죽음이 있게 했고, 인류에게 죽음이 있게 했다. 아담과 하와는 살인죄를 지은 것이다. 그리고 아담과 하와의 후손인 가인은 자신의 아우인 아벨을 죽이는 살인죄를 범했다(창 4:8). 살인죄는 인류의 조상인 아담과 하와로부터 시작되었다.

5. 자신의 생명을 스스로 끊는 것과 다른 사람의 목숨을 취하는 것을 똑같이 살인으로 말하는 이유는 무엇입니까?

자살은 자기 스스로 자신의 목숨을 끊는 것인데, 살인이다. 사람에게는 스스로를 보전하려는 성향이 심겨 있기 때문에(욥 2:4) 자살은 자연의 원리를 거스르는 것이 된다. 성경에서 자살의 경우는 사울왕과 아히도벨과 가룟 유다를 들 수 있다. 자기 스스로 목숨을 끊는 경우, 영적으로 교만하여 하나님을 경멸하는 것이 그 배후에 있다. 가룟 유다의 경우, 하나님께 철저히 회개하면서 은혜를 구해야 하는데 스스로 목숨을 끊음으로 하나님께 용서 구하기를 거부했던 것이다. 물론 극한 어려움과 현실로 인한 좌절감과 우울증 등으로 자살하는 경우가 있는데, 이것 역시 영적인 교만이다. 피조물로서 전능자이신 하나님께 나아와서 도움을 구해야 하는데, 하나님을 의지하기를 거부하고 목숨을 끊는 것이기 때문이다. 따라서 자살은 회개와 주님을 의지하기를 거부하는 교만의 죄이기 때문에 결코 가벼운 죄가 아니다(행 1:25).

6. 자살의 경우를 어느 범위까지 적용할 수 있습니까?

자기 스스로를 위험에 빠트려서 죽음에 이르게 하는 것도 자살이다. 자신이 몸이 아픈데 적당한 수단인 의사를 찾아가지 않고 방치하여 죽음에 이르는 것도 자살에 해당된다. 몸에 해로운 영향을 주는 중독적인 습관들로 건강을 해쳐서 죽음에 이르는 것도 살인죄가 된다. 몸을 완전히 손상시키는 노동도 포함된다. 성경은 불필요한 위험에 자신을 노출시키는 것을 금하고 있다(삼하 23:16-17). 생명을 주신 하나님의 주권을 생각할 때(삼상 2:6) 자신의 생명을 위험에 처하게 하는 것은 교만한 것이다(삼상 31:4-5).

7. 제6계명을 통해 알 수 있는 영혼을 죽이는 살인자의 위험성은 무엇입니까?

제6계명에서 사람의 몸을 죽이는 살인죄가 심각한 죄임을 알 수 있다. 이는 사람의 영혼을 죽이는 죄가 더욱 무거운 죄라는 것을 말한다. 가장 극악한 살인자는 영혼을 죽이는 자다. 자기 영혼의 영적 상태에 대해서 생각하지 않고, 자기 죄에 대해 심각하게 고려하지 않는 자들은 자신의 영혼을 죽이는 살인자들이다. 그들은 자기 영혼의 생명을 위해 결코 그리스도께 나아오지 않는다(요 5:40). 한편으로, 거짓된 가르침으로 영혼을 죽이는 자들도 심각한 살인자들이다. 거짓된 가르침으로 자신의 구원에 대해 잘못된 확신을 가지게 하고, 결국 영원한 심판에 이르게 하기 때문이다(겔 13:19).

질문 70. 제7계명은 무엇입니까?

답 | 제7계명은 "간음하지 말라"입니다.

> 질문 71. 제7계명에서 요구하는 것은 무엇입니까?
>
> 답 | 제7계명에서 요구하는 것은 마음과 말과 행동으로 우리 자신과 이웃의 순결을 보존하는 것입니다.

> 질문 72. 제7계명에서 금지하는 것은 무엇입니까?
>
> 답 | 제7계명에서 금지하는 것은 모든 불결한 생각과 말과 행동입니다.

1. 제7계명 "간음하지 말라"라는 말씀의 본질은 무엇입니까?

제7계명은 순결에 대한 계명이다. 몸과 마음과 정서의 모든 더러움에 대한 혐오의 계명이다(욥 31:1). 그래서 제7계명은 우리 자신과 이웃의 삶 속에서 순결을 유지하게 하는 것이다. 우리와 이웃의 마음에 순결을 유지하기 위해서는 우리의 마음과 양심에 영적인 것을 공급하고, 하나님을 두려워하는 가운데 더러움을 피해야 한다(잠 5:20-21; 고후 7:1). 요셉의 경우, 주인의 아내가 계속 유혹했으나 거절했다. 요셉은 자신의 몸과 마음을 더럽히는 것을 하나님에 대해 큰 죄를 짓는 것으로 알았기 때문이다(창 39:7-9).

2. 우리 자신과 이웃을 어떻게 순결하게 지킬 수 있습니까?

마음과 말과 행동에 있어서 순결을 지켜야 한다. 우리 영혼에서 가장 먼저 일어나는 정욕을 억제하고(잠 4:23), 방종하게 하는 모든 상상을 물리치며(마 5:28), 우리의 마음과 눈이 허망한 것에 빠지지 않도록 하나님께 기도해야 한다(시 119:37). 이웃의 순결을 지키기 위해서는 정결한 마음을 가지고 사랑해야 한다(벧전 1:22). 더러운 말을 피하고 덕을 세우는 말을 통하여 순결을 지킬 수 있다(엡 4:29). 소박한 의상과 몸가짐을 통해서 순결을 지킬 수 있다.

3. 우리 자신과 이웃의 순결을 지켜야 하는 이유는 무엇입니까?

우리의 몸은 하나님께 영광을 돌리는 도구이며 성령의 전이기 때문이다(고전 6:19). 또한 우리의 몸을 하나님께 거룩한 제사로 드리기 위해서는 정결을 유지해야 한다(롬 12:1). 우리의 정욕이 십자가에 함께 못 박혀 죽었으며, 우리 몸이 의의 도구가 되기 때문에 더욱 정결하게 유지해야 한다(롬 6:13). 우리의 몸을 정결하게 유지하지 않는다면 하나님의 진노를 불러일으키는 것이다(고전 6:10). 우리가 정욕으로 우리의 몸을 더럽히면 하나님이 우리의 몸을 무너트리실 것이다(고전 3:17).

4. 순결을 유지하기 위해서 하나님이 정하신 통상적인 수단은 무엇입니까?

하나님은 합법적인 혼인 생활을 통해서 순결을 지키게 하셨다(고전 7:2). 더러움을 피하게 하시려고 자신의 아내와 남편을 가지게 하셨다. 결혼 제도는 하나님이 사람이 타락하기 이전에 제정하신 것으로서(창 2:24), 아내와 남편이 상호 협력하여 인류를 증가시키고, 교회에 거룩한 씨를 증가시키며(말 2:15), 부정한 것을 막기 위한 것이다(고전 7:2).

5. 간음이라는 이름 아래에서 불결한 것에는 어떤 것들이 있습니까?

모든 종류의 불결함이 이에 속한다(엡 5:3). 생각과 말과 행동에 있어서 정욕적인 욕망이 있는 상태다. 불결한 상상도 여기에 포함된다(마 5:28). 더러운 생각과 불결한 상상은 노래와 춤과 그림, 연극과 같은 것들로부터 영향을 받아 일어나기도 한다. 이러한 것들은 마음을 더럽힌다. 더러운 말과 대화 역시 마음을 더럽힌다(엡 5:4).

6. 간음죄에 해당되는 행위에는 어떤 것들이 있습니까?

첩을 두는 행위와 불법적인 이혼, 간음, 간통 등이 여기에 속한다. 한 남편이 여러 명의 첩을 두는 것은 하나님이 결혼을 제정하신 뜻에 어긋난다. 하나님은 한 남자와 한 아내를 만드셨기 때문이다(창 2:22). 성경에서는 여러 첩을 두는 것을 금하고 있다(말 2:14-15). 가인의 후손인 라멕이 첩을 둔 첫 인물이다(창 4:19). 물론 아브라함과 야곱과 다윗도 첩을 두었다. 이는 하나님으로부터 인정된 것이 아니며, 오늘날 우리가 흉내 내서는 안 된다. 이혼은 하나님의 말씀에 의하면, 간음을 저지른 경우 이외에는 인정되지 않는다(마 19:8-9; 고전 7:15).

7. 간음죄의 해악은 무엇입니까?

간음은 여자와 남자 사이에 부정한 것으로, 결혼을 더럽히고 망가트리는 것이다. 간음죄는 결혼의 서약을 어기는 것이며(말 2:14) 해당 당사자 모두 죄를 짓는 것이다(삼하 11:3-4). 즉 하나의 범죄에 두 사람이 모두 연루되는 것이다(고전 6:16). 이는 가정을 무너뜨리는 것은 물론이거니와 몸을 소멸시키는 치명적인 효과를 가져온다(잠 5:11). 물론 이 죄는 자신의 이름을 더럽힌다(잠 6:33). 간음죄는 몸으로 짓는 죄이기도 하지만 영혼에 대한 죄다(고전 6:18-20). 하나님은 이 죄를 미워하시고 자신의 손으로 직접 심판하겠다고 말씀하셨는데(히 13:4), 실제로 소돔과 고모라 땅은 이 죄로 인하여 하나님의 심판을 받았다(겔 16:49-50).

8. 간음죄에 버금가는 더러운 행위의 죄들은 무엇입니까?

더러운 행위의 죄들은 술 취하는 것과(창 19:33) 시간을 의도적으로 낭비하는 악한 게으름과(전 10:18) 식탐을 가지고 자신의 배를 섬기는 것이다(빌 3:19). 이러한 죄악들은 하나님의 형상을 어그러트리고 모든 유혹에 자신을 내어 주는 것이다(잠 23:29-30). 이러한 죄들을 피하기 위해서는 거룩하신 하나님이 우리의 모든 행위와 언어를 지켜보고 계신다는 것을 생각하고(창 39:9) 우리 자신의 마음을 엄격하게 살피는 것이다(잠 4:23). 성령 안에서 행하면서 육신을 죽여야 한다(롬 8:13). 하나님께 이러한 유혹으로부터 지켜 달라고 날마다 구해야 한다(시 119:37).

질문 73. 제8계명은 무엇입니까?

답 | 제8계명은 "도둑질하지 말라"입니다.

질문 74. 제8계명에서 요구하는 것은 무엇입니까?

답 | 제8계명에서 요구하는 것은 우리 자신과 다른 사람의 부와 외적인 재산을 합법적으로 얻고 증진시키는 것입니다.

질문 75. 제8계명에서 금지하는 것은 무엇입니까?

답 | 제8계명에서 금지하는 것은 우리 자신이나 우리 이웃의 부와 재산을 부당하게 저해하는 것입니다.

1. 제8계명은 "도둑질하지 말라"입니다. 도둑질의 원인이 어디에 있습니까?

도둑질의 첫 번째 원인은 불신앙으로부터 나온다. 하나님의 섭리를 믿지 않기 때문에 불법으로 재물을 취하려고 하는 것이다. 하나님은 광야에서도 식탁을 베푸시는 분이다. 하나님은 어떤 상황에서도 자신의 백성을 먹이시고 기르신다. 이렇게 공급해 주시는 하나님을 믿지 않는 데서 남의 것을 도둑질하는 일이 일어난다. 도둑질의 두 번째 원인은 탐욕이다. 아간은 탐욕으로 인하여 도둑질했다(수 7:20). 물론 이러한 탐욕에는 외부적 요인이 있는데, 마귀가 유혹하여 도둑질하도록 만든다. 마귀는 가룟 유다의 생각을 지배하여 도둑질하게 만들었다.

2. 도둑질의 종류에는 어떤 것들이 있습니까?

하나님의 것을 훔치는 도둑질이 있다. 하나님의 날인 주일을 거룩하게 지키지 않는 것은 날을 도둑질하는 것이다. 다른 사람의 영혼을 훔치는 것도 도둑질이다. 거짓된 가르침으로 다른 사람이 이단과 오류에 빠지게 해서 영혼을 멸망하게 하는 것이다. 이는 도둑질이면서 살인죄에 해당된다. 다른 사람의 돈과 재산을 훔치는 것은 도둑질이며, 불법 거래를 하여 이득을 취하는 것도 도둑질이다. 상업 거래에서 정직하지 못한 것도 도둑질이다. 물건의 가격과 중량을 속여서 파는 것도 도둑질이다. 다른 사람에게 돈을 빌리고 갚지 않는 것도 도둑질에 해당되며, 고아와 과부와 같이 힘이 없는 자들의 것을 힘으로 탈취하는 것도 도둑질이다.

3. 제8계명에서 요구하는 것은 무엇입니까?

재산을 취득하는 것에 있어서 정직하라는 것이다(엡 4:28). 합법적인 방법으로 부와 재산을 얻어야 한다. 합법적인 수단이 아닌 불법적인 방법과 수단을 사용하여 재산을 얻는 것은 도둑질이다. 따라서 우리는 신앙에 합당한 직업을 선택하고, 직업을 통해서 이 세상의 선한 것을 증진시켜야 하며, 근면하고 부지런히 일해야 한다(골 3:23-24). 그러므로 게으름으로 시간을 낭비하고 일하지 않고 노는 것도 도둑질이다.

4. 노동하고 수고하는 것이 필요한 이유는 무엇입니까?

사도 바울은 일하기 싫은 자는 먹지도 말라고 했다(살후 3:10). 일하고 수고하는 것은 자신에게 자연적 필요이며, 다른 사람에게는 도덕적 필요다. 우리 자신이 노동하고 수고함으로 생계를 책임지고, 한편으로 다른 사람에게 유익이 되게 하는 것이다. 물론 우리가 노동하고 수고한다 할지라도 하나님이 축복하지 않으시면 아무것도 아니다. 하나님이 축복해 주셔야만 재물을 얻을 수 있다(잠 10:22).

5. 노동하고 수고하는 것의 목적은 무엇입니까?

그리스도인이 노동하고 수고하는 것은 우리의 노동에 하나님이 축복해 주셔서 우리가 가지고 있는 것이 주께서 주신 것임을 드러내는 것이다(잠 3:9). 물론 우리 자신을 안락하게 하려는 목적도 있다(전 5:9). 그러나 우리의 노동과 수고가 다른 사람에게 유익이 되게 하는 데 목적이 있다(엡 4:28). 따라서 수고하여 얻은 재물을 가지고 모든 사람에게 의롭게 사용해야 하며(시 15:2) 구제와 도움이 필요한 자들에게 공급해야 한다(요일 3:17). 경건한 목적을 위해 노동하고 수고하여 재산을 얻는 것이다(마 6:19-20).

6. 성경에서 구제하는 방법에 대해서 어떻게 말하고 있습니까?

제8계명은 가난한 자의 필요를 채울 것을 요구한다. 우리의 이웃 가운데 가난으로 고통받는 사람들이 있다면 긍휼히 여기는 마음을 가지고 그들에게 재물을 베푸는 것이다. 이렇게 구제할 때, 믿음의 가정들에게 특별히 하라고 성경은 말한다(갈 6:10). 구제할 때는 우리의 상황이 허락되는 범위 안에서 진실함으로 해야 한다(요일 3:17). 외식함으로 하거나 자신을 나타내기 위해 구제하는 것을 금한다(마 6:2-5). 성경에서는 이렇게 가난한 자에게 구제하는 것에 대해 하나님이 갚아 주신다고 말한다(잠 19:17).

7. "도둑질하지 말라"라는 제8계명이 공동체에 미치는 영향은 무엇입니까?

제8계명은 개인이 가지고 있는 재산권을 불법으로 침해하지 말라는 것이다(레 6:4). 제8계명이 개인의 재산권을 보호하는 계명일지라도, 이 계명은 공동체의 유익을 증진시키기 위한 것이다. 도둑질은 상업을 파괴하고 모든 자비의 행위를 폐지시킨다. 또한 게으름을 조장해 사회에 악이 만연하게 한다. 따라서 제8계명은 도둑질 혹은 남의 것을 훔치는 것을 금지하는 계명이지만, 공동체 혹은 사회가 모든 사람에게 유익을 주게 하는 계명이 된다.

8. 제8계명은 누구의 것을 훔치지 말라는 것입니까?

제8계명은 자기 자신의 것과 다른 사람의 것을 도둑질하지 말라고 한다. 자기 자신의 것을 도둑질한다는 것은 게으름과 지나친 인색함과 낭비로 자기 재산에 손상을 가하는 것이다. 인색함이 도둑질에 해당되는 것은 하나님이 주신 재산을 합당한 용도에 사용해야 하는데 자신이 사취하는 것이기 때문이다(잠 19:7). 자신의 수입보다 더 많은 지출을 하는 낭비 역시 자기 자신의 것을 도둑질하는 것이다(잠 21:20, 22, 23:21). 자기 재산을 도박이나 방탕함으로 허비하는 것을 성경은 금하고 있다(잠 23:21). 더욱이 무분별하게 모험하거나 함부로 보증을 서서 자신의 재산을 없애는 것을 금한다. 다른 사람의 것을 불법으로 탈취하는 것이 도둑질인데, 여기에는 사기와 독점이 포함된다.

9. 은밀한 도둑질과 공적인 도둑질을 어떻게 구별합니까?

은밀한 도둑질은 개인의 물건을 주인의 동의 없이 사용하거나 가져가는 것이다(레 19:11). 공적인 도둑질은 교회와 사회에 대해서 도둑질하는 것으로서, 교회의 직무들을 돈을 주고 사고파는 것이 여기에 해당된다. 한 예로, 시몬은 베드로에게 돈을 주면서 은사를 사려고 했다(행 8:18-19). 한편으로, 거룩한 용도로 구별한 물건들을 취하는 것도 공적인 도둑질에 해당된다(잠 20:25; 말 3:8). 사회에 대해서 도둑질하는 것에는 주화를 녹여서 다른 용도로 사용하는 것이 해당된다(미 2:1-2).

10. 도둑질의 종류에는 어떤 것들이 있습니까?

남의 것을 폭력을 행사하여 빼앗는 강도질이 있다(욥 20:19). 사람의 생명을 위협하여 빼앗는 것이기 때문에 보다 심각하고 무거운 죄다. 도둑질하는 자들에 대해서 묵시적 동의를 하는 것도 도둑질에 해당된다(시 50:18). 물건을 살 때 그 물건을 비난하여 가치보다 싸게 사는 것도 사기에 해당되며(잠 20:14), 또한 물건을 팔 때 합당한 가격 이상으로 팔거나(암 8:4-6) 무게와 크기를 속여서 파는 것도 사기다(신 25:13-15). 한편으로, 갚을 능력이 없음에도 불구하고 돈을 빌리고 갚지 않는 것은 사기다(시 37:21). 물건을 독점해 높은 가격으로 판매하는 것도 도둑질에 해당된다. 고리대금으로 이익을 취하는 것도 도둑질이다. 돈을 빌려주더라도 채무자가 갚을 수 있도록 이자율이 적당해야 하며 압제하지 않아야 한다(신 23:20).

질문 76. 제9계명은 무엇입니까?

답 | 제9계명은 "네 이웃에 대하여 거짓 증거하지 말라"입니다.

질문 77. 제9계명에서 요구하는 것은 무엇입니까?

답 | 제9계명에서 요구하는 것은 사람과 사람 사이에 진실의 유지와 증진을 요구하며, 특별히 증언하는 일에 있어서 우리 자신과 우리 이웃의 이름을 선하게 유지하고 고양시키라는 것입니다.

질문 78. 제9계명에서 금지하는 것은 무엇입니까?

답 | 제9계명에서 금지하는 것은 진실에 대해서 편견을 가지고 있거나 나 자신과 우리 이웃의 선한 이름에 손상을 가하는 것입니다.

1. "네 이웃에 대하여 거짓 증거하지 말라"라는 제9계명의 본질은 무엇입니까?

제6, 7, 8계명은 행동으로 우리 자신과 다른 사람에게 해를 입히는 것인 반면에, "네 이웃에 대하여 거짓 증거하지 말라"라는 계명은 말로 자신에게와 다른 사람에게 해를 입히는 것이다. 제9계명의 본질은 사람 사이에 진실을 말하고 유지하라는 것이다. 우리가 어떤 것에 대해서 인정하든 부정하든 간에 우리의 말에는 정확성과 진실성이 있어야 한다. 물론 우리의 통상적인 대화와 약속과 거래에 있어서 이웃에게 진실을 말해야 한다(슥 8:16). 우리의 말에 대한 진실성과 정확성은 우리의 말과 행위가 일치하는 것으로 나타난다(시 15:1-2).

2. 우리의 말에 정확성과 진실성이 있어야 하는 이유는 무엇입니까?

우리가 섬기는 하나님이 진리의 하나님이시며 의로우시고 불의가 없으시기 때문이다(신 32:4). 하나님은 우리가 하는 말이 하나님께 영광이 되기를 요구하신다. 만약 우리가 반쪽 진실을 말했다면 그것은 전체의 진실을 숨긴 것이 된다(창 12:13). 우리는 기도로 하나님께 영광을 돌리며, 우리의 혀로 하나님을 찬양한다(시 50:15, 23). 우리의 혀로 진리를 고백한다(롬 10:10). 따라서 우리의 혀는 하나님의 영광을 위한 것이기 때문에 조금이라도 숨기는 것과 거짓이 없이 진실하게 말해야 한다.

3. 제9계명의 적극적인 의미는 무엇입니까?

제9계명의 적극적인 의미는 인간과 인간 사이에 진실을 유지하고 증진시키는 것이다. 우리가 진실을 유지하기 위해서는 상호 간에 솔직해야 하고 마음으로부터 진실을 말해야 한다. 더욱이 우리는 다른 사람의 이름과 평판을 가치 있게 유지하고 증진시켜야 한다. 물론 이것은 우리의 심령에서 거짓을 미워하고 거룩을 추구하는 가운데 나오는 것이다.

성령의 역사로 겸손하고 악의가 없는 마음에서 나온다(골 3:12). 우리는 특별히 그리스도와 하나님에 대한 신앙 고백을 하는 자들이다. 따라서 우리는 하나님의 영광을 위해 사람들 사이에 상호 신뢰가 증진되도록 노력해야 한다.

4. 자신과 이웃의 이름을 어떻게 선하게 유지할 수 있습니까?

이웃의 이름과 평판을 유지하고 증진시키는 방법은 다른 사람들 안에 있는 훌륭한 점들을 바라보고 합당한 방법으로 인정하는 것이다(빌 2:4). 또한 다른 사람들에게 있는 장점과 유익에 대해서 하나님께 감사하고, 그것을 사랑하고 도모하는 것이다. 사도 바울은 로마에 있는 성도들을 생각하면서 하나님께 감사했다(롬 1:8). 또한 로마서 16장에서는 성도들의 장점을 일일이 소개하면서 서로 문안하라고 부탁했다. 또한 다른 사람들에 대한 좋은 평판에 대해서 기꺼이 받아들이고 기뻐하는 것이다(요삼 1:3). 다른 사람들의 장점과 은사들을 솔직히 인정하고 그것을 좋아하는 것이다(고전 1:4-7).

5. 자신과 이웃의 이름을 선하게 유지하는 것의 효과는 무엇입니까?

자신과 다른 사람의 이름을 선하게 유지함으로써 상호 신뢰가 증진되고 교회와 사회가 투명해진다. 사회가 정직하게 되고 하나님의 공의가 실현되게 하면 거짓을 말하는 자와 속이는 자가 공존할 수 없게 된다.

거짓과 음모와 술수가 있을 곳이 없어지며, 사회는 평안함을 얻게 된다. 그러나 거짓 증거가 유행하면 사람들이 하나님의 이름으로 함부로 맹세하는 일들이 많아지고, 사회 자체가 속이고 속임을 당하는 일로 가득 차게 된다. 이러한 사회는 사람들의 양심도 기능을 하지 않아 악이 더욱 기승을 부리게 된다. 따라서 하나님이 제정하신 사회가 하나님의 공의와 영광을 나타내게 하시려고 "거짓 증거하지 말라"고 명령하신 것이다.

6. 서약을 하는 경우 어떻게 진실을 증거해야 합니까?

특별히 서약을 통해서 진실을 말해야 하는 경우가 있다. 우리는 어떤 경우에도 진실을 말해야 하는데, 특별히 법정에서나 혹은 교회에서 합법적인 서약을 통해 진실을 말해야 할 때가 있다(렘 4:2). 이때 자신에게 어려움이 생길 수 있다 하더라도 진실을 말해야 한다. 거짓을 말하는 경우에는 하나님이 즉각적으로 진노하신다고 성경은 말한다(말 3:5). 또한 자기 양심을 속이고 거짓을 말하게 되면 그로 인하여 영적 고통을 당할 수 있으며 혹은 양심의 소리를 외면하면 결국에는 믿음에서 떠날 수 있다(딤전 1:19).

7. 제9계명에서 금지하는 것은 무엇입니까?

제9계명에서 금지하는 것은 진실에 어긋난 모든 일을 포함한다. 모든 종류의 거짓말, 속임수, 고소하는 것, 말을 왜곡시키는 것 모두를 포함한다. 이것은 부패한 속성에서 나오는 것으로, 성령으로 거듭난 사람은 반드시 이러한 행위가 나오지 않도록 죽여야 한다(골 3:9). 이웃에 대하여 나쁜 소문을 내는 것과 이웃에 대해 거짓 증거하는 것도 제9계명이 금지하는 것이다. 이웃에 대해서 비웃거나 조롱하거나 험담을 하는 것도 죄다(벧전 2:1). 이웃에 대한 거짓 증거는 소문으로 확대되어 당사자에게 큰 해를 줄 수 있다는 것을 기억해야 한다(출 23:1).

8. 거짓말의 속성은 어떤 것입니까?

진실에 대해서 어긋나게 말하는 것이 거짓말이다(약 3:14). 잘못되었다는 것을 알고 있음에도 불구하고 자발적으로 잘못이 아니라고 말하는 것이다(왕상 13:18). 이렇게 거짓말을 통해서 다른 사람을 속이고 다른 사람에게 해를 끼치는 것이다. 이러한 거짓말의 근원은 마귀다. 마귀는 하와에게 "너희가 결코 죽지 아니하리라"(창 3:4)라는 거짓말로 유혹했다. 거짓말의 속성은 마귀에게서 나온다(요 8:44).

9. 거짓말에는 어떤 종류가 있습니까?

자신이 잘못된 정보를 가지고 말도 안 되는 엉뚱한 말로 거짓을 말하는 경우가 있으며, 악의적인 의도를 가지고 다른 사람에게 해를 끼치기 위한 사악한 거짓말이 있다(삼하 16:3). 사악한 거짓말을 하는 자는 전지하신 하나님을 경멸하는 자다. 사악한 거짓말은 상대방을 해하고자 하는 의도가 있는 것으로서, 가장 악한 경우의 거짓말이다. 잘못된 정보를 가지고 진실과 반대로 말하는 것도 거짓말이며, 성급하게 판단하여 나쁘게 말하는 것도 거짓말에 해당된다(롬 2:1).

질문 79. 제10계명은 무엇입니까?

답 | 제10계명은 "네 이웃의 집을 탐내지 말라 네 이웃의 아내나 그의 남종이나 그의 여종이나 그의 소나 그의 나귀나 무릇 네 이웃의 소유를 탐내지 말라"입니다.

질문 80. 제10계명에서 요구하는 것은 무엇입니까?

답 | 제10계명에서 요구하는 것은 나 자신의 형편에 대해서 완전히 만족하는 것과 우리 이웃과 그가 가지고 있는 것에 대해서 올바르고 자비로운 심령을 가지는 것입니다.

질문 81. 제10계명에서 금지하는 것은 무엇입니까?

답 | 제10계명에서 금지하는 것은 우리 자신의 상태에 대해서 자족하지 못하는 것과 우리 이웃의 재산에 대해서 시기하거나 싫어하는 것이며, 그가 가지고 있는 모든 것에 대해서 부적절한 행동과 탐욕을 가지는 것입니다.

1. 제10계명에서 일반적으로 요구하는 것은 무엇입니까?

제10계명은 "네 이웃의 집을 탐내지 말라 네 이웃의 아내나 그의 남종이나 그의 여종이나 그의 소나 그의 나귀나 무릇 네 이웃의 소유를 탐내지 말라"이다. 이 계명은 하나님을 사랑하고 하나님을 기쁘시게 해드리기 위해서(시 119:45, 47) 탐욕을 금하고 있다. 탐욕은 우리의 부패성을 더욱 일으키는 것으로서, 거룩과 반대되는 성질이다(롬 7:7-8). 따라서 거듭난 자는 자신의 부패성이 더욱 힘을 얻지 못하도록 탐욕을 성령으로 죽여야 하는 의무가 부여되어 있다(롬 8:13).

2. 탐욕은 어떤 성질을 가지고 있습니까?

탐욕이란 세상에 대해서 온 마음을 쏟는 것을 말한다. 이 세상의 물건들에 대해 과도한 욕망을 가지고 있는 상태다(잠 1:19). 따라서 생각하고 행동하는 것이 온통 이 세상에 대한 것들뿐이다. 이러한 마음에는 만족함이 없다(잠 30:15). 탐욕적인 마음에는 영원한 것과 하늘에 대한 공간이 없다(창 25:34). 탐욕을 가진 자는 자신의 구원에 대해서 마음을 두지 않으며, 그리스도에 대한 관심이 없다. 세상의 영예와 물질에 마음을 두고 있다(딤후 3:2). 부자이자 관원인 청년은 그리스도가 모든 재산을 팔고 자신을 따라오라고 하신 말씀을 들었지만, 그렇게 하지 않았다. 그의 마음속에 가득 찬 탐욕 때문이었다(마 19:21).

3. 탐욕 자체가 죄입니까?

탐욕은 교묘한 죄이며, 온 영혼을 더럽히는 죄다. 부자 청년의 사례처럼, 탐욕이 가득한 상태에서도 외적으로는 매우 종교적으로 보일 수 있다. 철저히 자신을 속이고 있는 상태다. 탐욕이 가득한 자는 세상적인 마음으로 인하여 이웃과 가난한 자를 돌보지 않는다. 하나님의 사업에 마음을 주지 않는다. 탐욕은 모든 죄악의 근원이 된다(딤전 6:10). 십계명의 두 번째 돌판 마지막에서 탐욕을 다루는 것은 탐욕이 십계명의 모든 계명을 어기게 만들기 때문이다. 탐욕은 하늘에 대해 완전히 눈을 감게 하여 멸망으로 치닫게 만든다(마 19:23).

4. 탐욕을 억제하기 위해 우리에게 필요한 영적 성향은 무엇입니까?

제10계명에서 요구하는 것으로서, 나 자신의 형편에 대해서 완전히 만족하는 것이다(딤전 6:6). 하나님이 거룩하고 지혜로운 섭리에 따라 우리에게 할당해 주신 몫에 만족하는 것이다. 즉 지금의 상태를 하나님이 인도해 주신 것으로 여기는 것이다(딤전 6:6-8). 하나님의 은혜가 이 땅에서 모든 것을 얻게 하는 것은 아니다. 그럼에도 하나님의 은혜로 이 땅에서 신자로 얻게 하신 것들이 있다. 따라서 신자는 이미 자신에게 있는 것으로 감사하며 만족해야 한다(빌 4:11).

5. 자족하기 위해 묵상해야 할 것은 무엇입니까?

자족하기 위해서 묵상해야 할 것은 우리가 이 땅에 올 때 아무것도 가지고 온 것이 없으며, 이 세상을 떠날 때에도 아무것도 가지고 갈 수 없다는 것이다. 또한 지금 먹을 것과 입을 것이 있다면 그것으로 감사하게 생각하는 것이다(딤전 6:7-8). 한편으로, 이 땅의 삶이 영구한 것이 아니라 매우 짧게 지나간다는 것을 생각해야 한다(고전 7:29-31). 이 세상에 있는 것들은 모두 우리에게는 일시적인 것들이다(약 5:3). 자족하기 위해서는 지금 우리에게 영원한 것이 있으며, 하늘에 영원한 기업이 준비되어 있다는 것을 묵상해야 한다(고후 4:17-18).

6. 어떤 상황에서도 자족할 수 있는 방법은 무엇입니까?

번영의 시기 가운데 사람들의 마음은 더욱 부자가 되기를 원한다. 아합의 경우 번영의 시기에 만족하지 않았다(왕상 21:4). 번영의 시기에 자족할 수 있는 방법은 자신들이 가지고 있는 것들이 일시적이라는 것을 기억하는 것이다. 잠시 잠깐 하나님이 맡겨 두신 것에 불과하다고 생각해야 한다. 따라서 하나님과 영원한 기업에 마음을 두고(시 16:5-6), 선한 사업에 부한 마음을 가지고, 나눠 주기를 좋아하며, 구제해야 한다(딤전 6:18). 한편으로, 가난하고 고난을 받는 경우가 있다. 이러한 경우, 외적 어려움에 대해서 하나님께 불평해서는 안 된다. 비록 이 세상에서 가난하더라도 믿음에 있어 부요하고, 하늘의 기업을 상속받게 된 것을 기억해야 한다(약 2:5). 비록 이 땅에서 고난받더라도 그리스도가 다시 나타나실 때 상 주실 것을 바라보아야 한다(마 25:34).

7. 우리의 이웃이 가지고 있는 것에 대해 어떠한 태도를 가져야 합니까?

우리의 심령은 은혜에 의해 지배를 받고 있을 때 이웃의 유익을 증진시키기 위한 행동들을 결정하고, 이웃의 복지를 위해 수고하고 즐거워한다. 특별히 이웃의 영적 복지에 마음을 두게 된다(고전 13:4-8). 한편으로, 이웃이 가지고 있는 재물과 은사를 볼 때 바른 마음을 가져야 하는데, 하나님이 자신의 영광을 위해 주셨다고 생각해야 한다(약 4:2-3). 물론 이 세상에서 번영의 상태가 항상 최고이며 바르다는 생각에서 벗어나야 한다(딤전 6:9-10). 외적인 번영이 있더라도 하나님의 은혜가 없는 상태라면 오히려 위험하기 때문에 이웃이 가지고 있는 것을 부러워해서는 안 된다.

8. 제10계명에서 금지하는 것은 무엇입니까?

이웃이 가지고 있는 것에 시기심을 가지고, 한편으로 자신을 슬프게 하는 것이다. 이웃의 번영과 그들이 가지고 있는 특권에 대해서 불평해서는 안 된다(느 2:10). 이러한 마음은 우리 내면의 부패성인 탐욕을 불러일으키기 때문이다(창 6:5). 그리스도는 여인을 정욕적인 눈으로 바라보는 것으로도 마음에 간음한 것이라고 말씀하셨다(마 5:28). 따라서 제10계명에서 금지하고 있는 것은 모든 죄악의 뿌리인 습관적인 정욕과 우리의 부패성이 일어나지 않게 하기 위한 것이다. 특별히 마음에 은밀하게 죄악이 일어날 수 있는 것을 억제하기 위한 명령이다.

9. 시기심은 어떤 영적 상태입니까?

시기심은 매우 복잡한 감정이다. 이는 자신이 다른 사람에 비해서 열등하다는 생각에서 나온다. 그리고 다른 사람이 가지고 있는 것을 자신도 가지고 싶다는 느낌이다. 시기심은 다른 사람의 것을 탈취하거나 빼앗고자 하는 마음을 갖게 한다(약 3:16). 사울왕은 다윗에게 시기심을 품고 죽이려고 했다. 더욱이 교회에서의 시기심은 자기를 높이고자 하는 헛된 야망에 빠뜨려 분파를 조장한다(갈 5:26). 따라서 우리의 이웃이 가진 것이 하나님으로부터 왔다는 것을 인정하고, 그것에 대해 시기심이 일어나지 않도록 자신의 마음을 살펴야 한다.

10. 제10계명이 마음속에 죄악이 잉태되지 못하게 조치한 것은 무엇입니까?

제10계명에서 금지하고 있는 것은 우리 마음속에 있는 죄들이다. 거듭났다 할지라도 우리 마음에는 부패성이 남아 있어서 죄악에 대해 유혹을 받으면 마음이 죄악으로 기울어져 죄를 범하게 된다. 야고보 사도는 정욕이 잉태되면 죄를 짓게 된다고 말했다(약 1:15). 그래서 제10계명은 우리의 마음에 정욕이 잉태되지 못하도록 특별히 이웃의 것에 대해서 탐욕을 가지지 말라고 하는 것이다. 이웃의 소유에 대하여 탐욕을 가지게 되면 그것에 따라서 부적절한 행동들과 악한 행위들이 나오기 때문이다.

> **질문 82.** 인간은 하나님의 계명을 완전하게 지킬 수 있습니까?
>
> **답 |** 인간은 타락했기 때문에 이 세상에서는 어느 누구도 하나님의 계명을 완전하게 지킬 수 없습니다. 오히려 날마다 생각과 말과 행위로 이 계명을 어깁니다.

1. 타락 이전에 아담은 율법을 완전히 지킬 수 있었습니까?

타락 이전의 아담은 하나님의 계명(율법)을 온전히 지킬 수 있는 능력을 하나님으로부터 받았다. 하나님이 사람을 하나님의 형상으로 만드시고, 의로움과 지혜와 거룩함을 부여하셨기 때문이며(창 1:26-27), 정직하게 지으셨기 때문이다(전 7:29). 아담의 심령에는 하나님의 계명이 새겨졌으며, 아담은 계명에 대해서 순종할 수 있었다. 타락 이전의 아담은 계명을 지킬 수 있었으며, 계명을 지키는 한 그는 에덴동산에서 생명나무의 열매를 먹으면서 영생할 수 있었다. 그러나 아담이 계명을 어김으로 타락한 이후에는 죄가 인류에게 들어와서 어떤 영혼이든지 하나님의 계명을 완전하게 지킬 수 없게 되었다.

2. 사람이 거듭나지 않은 상태에서 하나님의 계명을 지킬 수 있습니까?

사람은 하나님의 말씀과 성령의 역사로 거듭나기 전까지는 하나님의 계명에 대해서 순종하지도 않으며, 순종할 수도 없다. 거듭나지 않은 자는 하나님의 계명에 대해서 마음을 두지 않기 때문이다(고전 2:14). 더욱이 하나님의 계명은 하나님의 속성이 반영된 것으로서 거룩하고 영적이며 의로우며 선한 것임에도 불구하고, 거듭나지 않은 자는 그것의 가치를 알지 못하기 때문에 지킬 마음도 없다. 따라서 거듭나지 않은 상태는 영적으로 죽어 있는 상태로서(엡 2:1) 영적인 이해력이 없고, 감각도 없다. 거듭나지 않은 사람은 오히려 죄악에 깊이 물들어 있는 상태이기 때문에 하나님의 계명을 어기는 것에 더욱 익숙해 있다.

3. 거듭나지 않은 상태에서 율법은 어떠한 기능을 합니까?

거듭나지 않은 상태에서는 하나님의 계명과 율법을 온전히 이해할 수 없다. 그러나 성령이 하나님의 택하신 백성에게 구원의 은혜를 적용하실 때 율법을 사용하여 그들이 죄인이라는 사실을 깨닫게 하신다(요 16:8). 하나님의 율법은 거룩하고 의로운 것이기 때문에 불의한 자들에게 그들의 불의를 드러내는 역할을 한다(롬 7:7). 물론 이렇게 깨닫는 것에는 반드시 성령의 역사가 있어야 한다. 하나님의 율법을 통해서 자신이 죄인이라는 것을 깨닫는 자는 자신이 하나님의 율법을 어겨서(요일 3:4) 하나님의 심판에 직면해 있다는 것을 알고 용서의 은혜를 얻기 위해 하나님께 부르짖게 된다(행 2:37). 따라서 거듭나지 않은 자에게 성령이 율법을 사용하여 그들이 죄인이라는 사실을 알게 하시고 구원이 필요하다는 것을 깨닫게 하신다.

4. 거듭난 상태에서는 하나님의 계명을 완전하게 지킬 수 있습니까?

거듭난 사람도 이 땅에 사는 한 완전하게 하나님의 계명을 지킬 수 없다(롬 7:18-25). 거듭났다 할지라도 그 심령에 부패성이 아직 남아 있으며, 아직 이 세상에 살고 있고, 마귀의 유혹이 계속되기 때문에 계명을 완전히 지킬 수 없다. 더욱이 신자가 이 세상에서 완전에 도달하게 하는 은혜의 약속은 없다. 성경에서는 점진적으로 성장하는 은혜를 말하고 있으며, 신자가 완전하게 되는 것은 그리스도의 강림으로 되는 것이라고 말한다(살전 3:13). 실제로 성경에서 믿음의 인물들이 연약함으로 인하여 넘어졌던 일을 증거하고 있는데, 아브라함(창 20:2), 모세(시 106:33), 다윗(삼하 11:4, 15), 베드로(마 26:72, 74)가 그 예다.

5. 거듭난 상태는 죄를 짓지 않는 상태입니까?

요한일서 3장 6절은 그리스도 안에 있는 자는 범죄하지 않는다고 말하고, 이어지는 9절은 거듭난 자들은 죄를 짓지 않는다고 한다. 이 말씀들은 거듭난 사람은 죄를 완전히 짓지 않는다는 의미가 아니다. 거듭난 자는 죄를 습관적으로 짓지 않는다는 뜻이다. 실제로 거듭난 자는 죄와 싸우려고 하고, 죄를 짓지 않으려고 애쓰는 자를 의미한다. 그러나 그는 아직 이 세상에 있으며 육신의 연약함 가운데 있기 때문에 죄를 짓게 된다. 하지만 이러한 죄는 육신의 연약함 속에서 짓는 것이며, 죄에 대한 싸움 없이 습관적으로 짓는 것이 아니다. 거듭났다 할지라도 이렇게 죄를 지을 수 있기 때문에 신자는 날마다 회개해야 하며, 회개는 평생에 계속되는 것이다.

6. 신자가 계명을 완전하게 지킬 수 없음에도 불구하고 하나님이 계명을 지키라고 명령하신 이유는 무엇입니까?

우리가 이렇게 계명을 완전하게 지킬 수 없음에도 불구하고 하나님은 우리에게 계명을 지키라고 명령하신다(벧전 1:15). 하나님이 계명을 지키라고 명령하신 것은 우리를 겸손하게 하시기 위해서다. 타락 이후 사람은 자신에 대해 긍정적으로 생각하고 자신을 높이려는 성향이 강하다(약 3:5). 따라서 하나님은 우리가 계명을 온전히 지킬 수 없다는 것을 알게 하여 겸손하게 만드신다. 우리가 계명을 온전히 지키지 못하는 자신을 보게 하심으로 우리로 우리 자신을 신뢰하지 못하게 하시며, 계명을 온전히 지킬 수 있게 해달라는 간구를 하나님께 드리게 하신다. 더욱이 우리의 부족과 연약함을 보게 하셔서 그리스도의 소중성을 알게 하시며 그리스도 안에 머물게 하신다.

7. 신자가 계명을 온전히 지킬 수 없다면 여전히 율법의 저주 아래에 있는 것입니까?

진정한 구원의 백성은 자신이 율법을 온전히 지켜서 구원 얻을 수 없음을 깨닫고 그리스도께로 온 자들이다. 그래서 이들은 율법을 지켜 구원을 얻는 행위언약 아래에 있는 것이 아니라, 오직 그리스도의 은덕에 의지해서 구원을 얻는 은혜언약 아래에 있다. 은혜언약 아래에서는 율법을 온전히 지키지 못한다 하더라도 율법의 저주 아래에 있는 것이 아니다. 은혜언약 아래에서는 하나님이 율법의 완전한 행위를 요구하시는 것이 아니라, 그리스도를 의지하는 신실한 믿음을 받으신다. 만약 행위언약 아래에 있다면 죄 없이 사는 것을 요구하시지만, 은혜언약 아래에 있는 우리에게는 죄와 싸우는 것을 받으시는 것이다. 따라서 신자가 율법을 온전히 지키지 못하더라도 율법의 정죄에 이르지 않는데, 이것은 그리스도 안에 있기 때문이다(롬 8:1). 그리스도가 율법에 대하여 완전히 순종하신 은덕들을 그리스도 안에서 우리가 얻는 것이다.

8. 신자가 율법을 완전하게 지키지 못하기 때문에 율법을 통해서 무엇을 깨닫습니까?

신자는 부패성이 남아 있고 이 세상에 있기 때문에 하나님의 계명을 완전히 지킬 수 없다. 그러나 신자가 하나님의 율법을 온전히 지키지 못하더라도 그는 정죄에 이르지 않는다. 그럼에도 하나님은 신자에게 율법을 지키라고 명령하셨다. 이때 율법은 구원의 수단이 되지는 않지만,

여전히 신자로 하여금 자신의 죄를 깨닫게 하는 기능을 한다(롬 7:20). 신자에게 율법은 죄를 깨닫게 해서 회개하게 하고, 한편으로 죄에 대해서 싸우게 하는 기능을 한다. 더욱 거룩한 삶을 살도록 도전을 주는 기능을 한다. 신자에게 하나님의 계명은 구원의 수단이 아닐지라도, 폐지된 것이 아니라 거룩한 삶을 살게 하는 도구가 된다(롬 8:4).

9. 생각으로 계명을 어기는 것은 무엇입니까?

하나님과 우리 자신과 이웃에 대해서 죄 된 생각을 하는 것이다. 하나님에 대해서 가치 없으며 온당하지 못한 생각을 하는 것이 계명을 어기는 것이다(시 50:21, 94:7). 하나님의 완전하심과 섭리에 대해서 하나님의 영광을 손상시키는 생각도 계명을 어기는 것이다(습 1:12). 물론 우리 자신에 대해서 교만한 생각을 하고(옵 1:3), 야망으로 가득 채우며(사 14:13-14), 자신을 찬양하는 것이 계명을 어기는 것이다(롬 12:3). 이웃에 대한 죄 된 생각을 하는 것이 계명을 어기는 것인데, 시기심을 갖거나(창 4:5) 비난하고(렘 20:10) 복수하는 마음이다(창 27:41).

10. 죄 된 생각들의 위험성은 무엇입니까?

죄 된 생각들이 자리를 잡게 되면 즉시로 모든 죄악 된 말과 행위의 원천이 되어서 계명을 어기게 되어 있다(마 12:34). 게으른 말들과 유익이 되지 않는 말을 하게 되는데, 이것은 하나님을 직접적으로 불명예스럽게 하며(시 73:9, 11) 자기 자신과 다른 사람들에게 상처를 준다(시 140:3). 생각이 말로 나왔으면 그다음에는 행동으로 옮기게 되어 있다. 따라서 우리는 계명을 어기는 죄악의 원천이 죄 된 생각에서부터 출발한다는 것을 기억하고, 우리의 생각 속에 죄 된 것들이 자리 잡지 못하게 하고자 하늘의 것들을 묵상하여 거룩한 생각과 대화로 채워야 한다(골 3:2).

11. 율법을 어기는 죄는 우선 누구에게 대적하는 것입니까?

계명을 어기는 것이 죄다(요일 3:4). 율법과 계명을 제정하시는 이는 하나님이시다(약 4:12). 따라서 계명을 어기는 것은 하나님을 대적하는 것이다. 죄는 하나님을 무시하고 하나님의 말씀을 업신여기는 가운데 범하는 것이기 때문에 죄 자체가 악한 것이다. 성령의 역사로 율법을 가지고 죄를 깨달은 자는 자신이 하나님께 얼마나 큰 악행을 저질렀는지를 인식하고 하나님 앞에 죄의 용서를 위해 탄원할 수밖에 없다. 자신이 하나님께 대적했다는 것을 깨달았기 때문이다. 그래서 바울은 회개는 하나님 아버지께 하는 것이라고 설명했다(행 20:21).

> **질문 83.** 율법을 어기는 일은 모두 동일하게 극악무도한 것입니까?
>
> **답 |** 어떤 죄는 그 자체로 악한 것이며, 여러 가지 무서운 죄로 발전하기에 하나님 보시기에 다른 죄들보다 더욱 악한 것입니다.

1. 죄 가운데 더욱 무겁고 심각한 죄가 있습니까?

모든 죄가 똑같이 극악무도하지만 모든 죄가 같은 것은 아니다. 보다 악한 죄들이 있다. 죄 가운데 보다 무거운 죄들은 그 성질상 사람에게보다 하나님께 직접적인 죄들이다. 첫 번째 돌판의 계명을 어기는 것이 두 번째 돌판의 계명을 어기는 죄보다 무거운 죄가 된다. 보다 하나님을 대적하는 죄들로서, 하나님을 욕되게 하는 것과 우상 숭배와 불신앙 그리고 하나님의 이름을 불경스럽게 하는 죄가 무겁고 심각한 죄들이다(삼상 2:25). 한편으로, 두 번째 돌판의 계명들 가운데도 간음죄가 도둑질하는 죄보다 더욱 무거운 죄다(잠 6:29-32).

2. 죄 가운데 심각한 죄로 더욱 무겁게 다루는 근거는 어디에 있습니까?

죄의 정도와 성질에 따라서 무거운 죄들이 있다. 구약의 희생 제사를 드릴 때 죄의 무거움에 따라서 희생 제물에 차이가 있었다. 더욱 무거운 죄들에 대해서는 심판의 정도가 더욱 무겁다(마 11:22). 그리스도는 이스라엘을 향하여 두로와 시돈 지방보다 더욱 무거운 심판을 받을 것이라고 말씀하셨다(눅 10:14). 죄 가운데 더욱 무거운 죄로 취급되는 것은 사람의 판단에 의해서가 아니고, '하나님의 눈'에 비치는 대로다(욥 36:6-7). 죄의 성질에 따라서 죄의 무게가 정해지지만, 한편으로는 상황에 따라서 죄의 심각성이 더해지기도 한다.

3. 지식과 관련된 보다 무거운 죄에는 무엇이 있습니까?

빌라도의 경우, 그리스도가 죄가 없다는 것을 알고 있었다. 유대인들이 시기심으로 그리스도를 죽이려고 한다는 것을 알고 있었다. 그럼에도 그는 유대인들에게 그리스도를 내어 주었다. 물론 자기 자신은 이 일에 대해서 아무 잘못이 없다고 선언했다(눅 23:14). 그러나 빌라도는 분명한 사실을 알고서도 그것에 반하는 죄를 지었다. 이는 보다 무거운 죄에 해당된다.

이스라엘 백성은 자신들이 율법을 가지고 있으며 지식이 있다고 자랑했다. 그러나 율법을 이방인들 앞에서 어김으로 하나님을 욕되게 했다. 이는 결코 가벼운 죄가 아니다(롬 2:22-24). 자신의 의무를 알고서도 행하지 않는 것도 무거운 죄이며, 서원을 하고 행하지 않는 것도 무거운 죄인데, 본인이 모든 것을 알면서도 행하지 않은 것이기 때문이다. 한편으로, 다른 사람의 죄를 지적하면서 자신이 같은 죄를 짓는 것도 무거운 죄다. 죄를 분명히 인식하는 가운데 짓는 죄이기 때문이다.

4. 교회의 직무와 관련된 무거운 죄에는 무엇이 있습니까?

그리스도로부터 교회의 직무를 받고 은사를 받았지만 자신의 이기적 목적을 이루는 데 사용하고 은사들을 남용하는 죄다. 하나님이 탁월한 위치에 두셨기 때문에 그들의 죄는 결코 가볍지 않다(렘 23:11, 14). 다윗은 자신의 왕의 직무를 이용해 우리아의 아내를 취했다. 나단 선지자는 그의 죄가 결코 가벼운 것이 아니라고 책망했다(삼하 12:14). 솔로몬의 경우에도 왕의 권세를 남용해 수많은 첩을 거느렸고 결국 우상 숭배를 했는데, 이것은 가벼운 죄가 아니다(왕상 11:9). 말씀 사역자의 죄는 일반 신자의 죄보다 더욱 무거운 것인데, 하나님께는 물론이거니와 교회와 하나님의 백성에 대해서 죄를 지었기 때문이다(겔 34:2-10; 마 18:6).

5. 신앙 고백과 관련된 무거운 죄에는 무엇이 있습니까?

교회 앞에서 신앙 고백을 하고 자신이 회심했다고 증거한 후에 죄를 짓는 것은 보다 무거운 죄다. 많은 사람이 그 사람의 신앙 고백을 보고 하나님께 영광을 돌렸는데, 실제로는 그와 정반대의 삶으로써 교회를 속이고 하나님을 속였으며, 스스로 자신을 속였기 때문에 결코 가벼운 죄가 아니다. 거짓 신앙 고백자로 인하여 그리스도의 이름이 욕을 당하고, 교회가 세상 사람들의 눈에 우습게 비치도록 만들었기 때문에 매우 무거우며 심각한 죄다(롬 2:24).

6. 감사와 관련된 무거운 죄에는 무엇이 있습니까?

이스라엘 백성은 하나님의 특별한 사랑과 은혜를 받고서도 감사하지 않았다. 하나님의 큰 은혜를 받고서도 감사하지 않는 것은 무거운 죄다(사 1:2). 이는 하나님의 축복하심과 은혜를 경멸하는 행위이기 때문이다. 바울은 하나님의 은혜에 감사하지 않는 자들은 허망한 생각에 빠져서 하나님을 부정하는 것에 이르게 된다고 말했다(롬 1:21). 감사하지 않는 자들은 결국 은혜를 소홀히 하게 되고, 자신에게 어려움이 오면 그리스도로부터 떠나기까지 한다(히 2:1-3).

7. 연약한 형제들에게 지은 죄는 왜 무거운 것입니까?

성도들에게 지은 죄는 그들 안에 있는 하나님의 형상을 경멸하는 죄이기 때문에 결코 가벼운 죄가 아니다(눅 10:16). 그런데 교회 안에 있는 연약한 형제들을 넘어트리는 죄를 범하는 것은 더욱 무거운 죄다(고전 8:12). 이러한 죄는 그리스도의 몸인 교회를 손상시키고 영적으로 약화시키기 때문이다. 연약한 성도를 넘어지게 하는 죄는 복음 전도에 걸림돌을 만드는 것이어서 죄의 심각성이 더하다.

8. 다중적인 죄의 심각성은 무엇입니까?

하나의 악한 행위를 통해서 많은 죄를 짓는 경우가 있다. 다윗의 경우 도둑질, 간음죄, 살인죄를 연속으로 범했다(삼하 12:9). 하나의 범죄 행위 속에서 죄가 확산되고 증가되었는데, 이는 무거운 죄에 해당된다. 다중적인 죄는 교회를 무너트리기도 하며, 많은 사람에게 상처를 주고, 회복도 쉽지 않기 때문에 무거운 죄다.

9. 상황에 따라 더욱 무거운 죄가 되는 경우는 무엇입니까?

만일 주일에 죄를 범했다면 그것은 더욱 악독한 죄다(렘 17:27). 이스라엘 백성은 절기에 더욱 죄를 지었다(사 1:14). 금식의 절기에 죄를 억제하는 것이 아니라 더욱 죄를 지었다. 감사의 절기에 하나님의 눈을 속이고 드릴 수 없는 제물을 드림으로 더욱 무거운 죄를 지었다(말 1:8). 복음의 빛 아래 있음에도 불구하고 공개적으로 그리스도의 영광이 욕되게 하는 행위들은 더욱 악한 죄가 된다(사 26:10).

10. 용서받을 수 없는 죄는 무엇입니까?

성령 훼방죄의 경우 용서함이 없는 죄다. 성령 훼방죄란 그리스도를 아는 지식이 있음에도 불구하고 의도적으로 그리스도의 피를 부정한 것으로 여기는 것이다(마 12:31; 히 10:29). 배교의 경우에도 죄 용서함이 없다. 배교라는 것은 하나님의 은혜의 수단 아래에 있으면서 한때 은혜로운 모습을 하고 있다가 신앙 고백을 저버리고 그리스도를 떠나는 경우다. 물론 배교자들이 성령의 은사를 체험하고 하나님의 말씀의 빛을 맛보기도 했지만, 이것은 다만 일반은혜로서 그들의 심령을 변화시킨 것은 아니었다(히 6:4-6). 결국 은혜가 없는 상태에서 은혜의 모습을 하고 있다가 신앙 고백에서 떠나는 것이다. 이러한 자들에게는 회개의 영이 주어지지 않기 때문에 회개할 수 없다. 따라서 용서함도 없는 것이다.

> 질문 84. 모든 죄가 받아야 하는 형벌은 무엇입니까?
>
> 답 | 모든 죄는 이 세상과 오는 세상에서 하나님의 진노와 저주를 받습니다.

1. 죄에 대한 형벌은 무엇입니까?

죄는 성질상 하나님을 대적하는 것이다. 따라서 죄에 대한 하나님의 공의는 심판하시는 것이다. 죄에 대해서 하나님은 진노와 저주를 퍼부으신다. 이는 거룩하신 하나님이 자신의 법에 분명하게 나타내셨다(합 1:13). 하나님은 죄에 대해서 가증히 여기실 뿐만 아니라 심판하신다(렘 44:4). 죄에 대한 하나님의 진노는 죄인들에게 무서운 효과를 준다(사 33:14). 죄에 대한 하나님의 진노는 이 세상에서의 비참함과 죽음 자체와 영원한 지옥의 고통이다.

2. 죄인들에 대해서 하나님은 진노를 어떻게 퍼부으십니까?

하나님은 저주의 실행인 자신의 진노를 죄인들에게 퍼부으신다. 하나님의 진노는 하나님의 얼굴을 그들로부터 가리시는 것이다(겔 39:24). 더 이상 죄인들에게 은혜를 베풀지 않으시겠다는 것이다. 하나님의 진노는 저항할 수 있는 것이 아니다. 하나님의 진노는 무섭고 두려운 것이다.

진노라는 말은 '뜨겁다'는 의미를 포함하고 있는데, 하나님의 진노는 불과 같아서 퍼붓게 되면 피할 수가 없다. 마치 으르렁거리는 사자와 같이 무서운 것이다(잠 19:12). 하나님이 죄인들에게 진노를 퍼부으시면 그 영혼은 고통 가운데 있게 된다. 이 땅에서의 하나님의 진노는 분명한 것이다(갈 3:10). 더욱이 지옥에서의 하나님의 진노는 영원한 것이며, 중간에 쉬는 것도 없이 끝없이 지속된다. 이러한 진노는 죄에 대한 대가다. 따라서 아무리 작은 죄라 할지라도 죄를 짓지 않도록 영적으로 주의를 기울이며 죄와 싸워야 한다.

3. 죄인을 정죄하시면서 하나님은 무엇을 나타내십니까?

하나님이 죄인들을 정죄하시는 것은 지극히 의로우신 행위다. 죄인들이 정죄받는 것은 마땅하고 당연한 것이다(눅 23:40). 하나님이 죄인들의 죄에 대해서 진노를 퍼부으시는 것은 그동안 하나님의 은혜를 우습게 여기고 회개의 기회를 남용한 죄인들에게 지극히 합당한 것이다. 하나님은 죄인들을 정죄하시면서 죄인들의 어리석음을 나타내실 뿐만 아니라 자신의 의로우심을 드러내신다(왕상 8:32).

> 질문 85. 죄에 대해서 우리에게 부과된 하나님의 진노와 저주로부터 피할 수 있도록 하나님이 요구하시는 것은 무엇입니까?
>
> 답 | 죄에 대해서 우리에게 부과된 하나님의 진노와 저주로부터 피할 수 있도록 하나님은 우리에게 그리스도에 대한 믿음과 생명에 이르게 하는 회개를 요구하십니다. 이는 외적인 모든 수단을 부지런히 사용함으로써 그리스도가 구속의 은덕들을 우리에게 전달해 주십니다.

1. 하나님이 죄를 지은 사람에게 하나님의 진노를 피할 수 있도록 마련해 주신 방법은 무엇입니까?

하나님은 죄를 지은 사람을 구원하기 위한 방법을 마련하셨다. 아담이 타락하자마자 그리스도를 약속하시고, 그리스도를 통해서 하나님의 진노와 저주를 피할 수 있게 하셨다(창 3:15). 이는 아담과 하와가 타락하기 이전에 하나님과 아들 사이에 약속하신 방법이었다. 아담은 약속된 그리스도를 통해서 하나님과 화목할 수 있었다. 따라서 우리의 죄에 대한 하나님의 공의는 진노와 저주이지만, 하나님은 하나님의 사랑에 근거해서 진노와 저주를 피할 수 있는 길을 마련하신 것이다(롬 3:21).

2. 죄인들은 하나님의 진노를 피하기 위해 어디로 피해야 합니까?

죄를 깨닫고 하나님의 진노를 알게 된 죄인들은 하나님의 진노를 피할 길을 찾게 되어 있다. 자신의 선한 행위를 통해서 진노에서 벗어나려는 노력을 하기도 한다. 율법과 의식을 준수해 하나님의 진노에서 벗어나려는 노력을 하기도 한다. 그러나 그러한 노력과 수고가 헛되며, 도무지 하나님의 기준에 이를 수 없다는 것을 인정하게 된다(롬 7:7-8; 갈 2:16). 죄인들은 이제 할 수 없이 하나님이 마련하신 방법을 찾게 되는데, 하나님이 그리스도를 죄인을 위해 마련해 놓으셨다는 것을 알게 된다. 물론 이러한 영적 깨달음은 성령의 역사로 인한 것이다.

따라서 죄인은 그리스도 안에서 죄의 용서로 자신의 불의가 덮이고 마침내 하나님의 진노와 저주로부터 벗어날 수 있다는 것을 깨닫고는 그리스도께로 달려가게 된다. 마치 병자가 병을 잘 고치는 의원을 찾아가는 것과 같은 이치다(막 2:17). 이렇게 하나님이 마련하신 방법이 그리스도라는 것을 깨닫는 것은 성령의 역사로 인해서다.

3. 죄인들이 그리스도를 찾는 이유는 무엇입니까?

죄인들은 성령의 역사로 자신들이 죄인이라는 사실을 깨닫고, 죄로 인한 하나님의 진노와 저주가 자신에게 임할 것을 알게 된다(요 16:8). 이제 영적으로 각성된 죄인들은 구원의 방법을 찾는다. 자신들이 어떻게 하나님의 진노와 저주를 피할 수 있는지, 그 방법을 찾는다(행 2:37). 이때 하나님이 죄인들로 죄 용서함을 받고 불의를 덮을 수 있는 은혜가 그리스도 안에 있다는 것을 알게 하여 그리스도를 찾게 만드신다. 죄인들이 그리스도를 찾는 이유는 분명하다. 자신들의 죄를 용서받고 하나님의 진노로부터 벗어나기 위해서다. 이러한 영적 각성은 성령의 역사인데,

이러한 각성이 없이 예수 그리스도를 믿을 수 없다. 그러나 만약에 이러한 각성이 없이 그리스도를 믿는 것은 그리스도를 온전히 이해하지 못하고 자신의 사심을 위해서 믿는 것이다.

4. 그리스도 안에 하나님의 진노를 피할 수 있는 은혜가 있다는 것을 어떻게 깨달을 수 있습니까?

성령이 복음을 가지고 그리스도 안에 하나님의 용서와 의가 있다는 것을 깨닫게 하신다. 성령이 이미 죄인으로 자신이 불의한 자라는 것을 깨닫게 하시고, 죄 용서를 위한 구원의 방법을 찾게 하셨다(행 2:37). 따라서 성령이 죄인을 회개하도록 인도하신 것이다. 성령은 더 나아가 그리스도 안에 구원의 은혜가 있다는 것을 알게 하실 뿐만 아니라, 동시에 그리스도에 대한 믿음을 일으키셔서 그리스도께로 나아가게 하신다(요 3:15). 따라서 죄인은 그리스도에 대한 귀중성을 알고(히 2:3) 그리스도 앞으로 나아가 그리스도께 굴복되어 구속의 은혜를 구하게 된다(엡 1:7).

8장

질문 86-87

구원의 표시로서의 믿음과 회개

> **질문 86.** 예수 그리스도에 대한 믿음은 무엇입니까?
>
> **답 |** 예수 그리스도에 대한 믿음은 구원의 은혜입니다. 그것으로 인하여 복음에서 우리에게 그리스도가 제시된 대로 우리는 구원을 위해 오직 그분만을 받아들이고 의지합니다.

1. 그리스도에 대한 믿음은 무엇을 말하는 것입니까?

그리스도에 대한 믿음이라는 것은 우리의 속죄가 되시는 그리스도를 갖는 것을 의미한다. 그리스도의 의가 필요하여 그리스도를 붙잡는 것을 뜻한다. 따라서 그리스도를 믿기 위해서는 먼저 그리스도가 자기에게 왜 필요한지를 알아야 한다(막 2:17). 자신의 죄를 먼저 깨달아야 하며, 자신의 죄에 대해 하나님의 심판과 진노가 있음을 알고, 그것을 피하기 위해 그리스도를 필요로 하는 것이다. 그리스도에 대한 믿음은 즉흥적으로 일어나는 것이 아니며, 흥분적이며 감정이 고조되어 일어나는 것이 결코 아니다. 하나님의 말씀을 듣고 묵상을 통해서 자신의 영적 상태를 깨닫는 것이 먼저 있어야 그리스도를 왜 믿어야 하는지를 알 수 있다. 더욱이 구원의 믿음은 반드시 자신이 죄인이라는 것과 함께 그리스도와 그리스도의 유익에 대한 지식이 있어야 한다.

2. 구원의 믿음은 무엇입니까?

의롭게 하는 구원의 믿음은 구원을 위해 그리스도를 붙잡고 그 안에 안주하는 것이다. 구원의 믿음을 '구원의 은혜'라고 부르는 이유는 하나님이 죄인들에게 거저 주시는 선물이기 때문이다(엡 2:8). 구원의 은혜를 받을 만한 자격이 있어서 받는 것이 결코 아니며, 자격이 없음에도 불구하고 선물로 주시는 것이다. 따라서 구원의 믿음은 자기 자신에 대해서 자랑하지 않으며(고전 4:7), 오직 그리스도만을 높인다(고전 1:29).

3. 구원의 믿음에 있어서 지식이 필요합니까?

믿음의 좌소는 마음이다(롬 10:10). 믿음을 통해서 이해력이 근본적으로 변화되고, 의지에 작용하여 그리스도를 붙잡게 한다(마 11:12). 따라서 구원의 믿음에 있어서 반드시 그리스도에 대한 지식이 필요하다. 이것이 없이는 구원의 믿음이 아니다(요 17:3). 이때의 지식은 사변적인 지식이 아니다. 믿음의 지식으로서, 겸손하며(사 57:15) 변화시키는 지식이다(행 16:18). 사변적인 지식으로 그리스도에 대해서 알 수 있지만, 이것은 심령에 전혀 변화를 주는 것이 아니며, 구원의 믿음과 관계없는 것이다.

4. 믿음과 구원은 어떤 관계를 가지고 있습니까?

믿음은 하나님에 의해 선물로 주어진 것이다. 이 믿음을 가지고 손을 뻗어 물건을 잡듯이 그리스도를 붙잡는 것이다(눅 8:44). 믿음으로 그리스도를 붙잡게 되면(히 10:23) 그리스도께 연합된다. 그리스도께 연합되면 하나님 아버지께서 그리스도 안에 마련해 놓으신 구원의 유익들이 우리에게 흘러들어온다. 그리스도 안에 있는 구원의 유익들은 죄를 용서받는 것과 의롭게 되는 것 그리고 하나님의 가족의 일원이 되는 것과 우리를 거룩하게 하는 것들이 있다. 구원의 은덕들이 우리에게 적용되어서 구원을 받는 것이다.

5. 구원은 무엇입니까?

구원이라는 것은 죄로부터 구원을 의미하며(마 1:21), 하나님의 진노로부터 구원을 뜻한다(살전 1:10). 한편으로, 구원은 이 땅에서의 거룩한 삶을 영위할 수 있는 것을 말한다(벧후 1:4). 따라서 이 땅에서 구원이 시작되어서 장차 주께서 영광 가운데 오실 때 완성된다(히 9:28). 물론 구원의 은혜를 얻은 백성은 하늘의 기업에 대한 분명한 이해를 갖게 되고, 그것을 소망하게 되어 있다(엡 1:18). 따라서 구원의 은혜가 있는 자는 이 땅에서 죄와 싸우면서 거룩한 삶을 추구한다(히 12:14).

6. 구원의 믿음은 어떻게 발생됩니까?

하나님이 선택하신 백성의 영혼 안에 믿음을 일으키시는 것이다. 하나님의 말씀을 듣는 가운데(롬 10:8) 영적인 이해력을 주시고(엡 1:17-18) 그리스도의 필요성을 알게 하시는 것이다. 이것은 성령이 중생시키셔서 마음에 각성이 일어나고, 영적 이해력이 회복되고, 의지가 갱신되어서 그리스도를 붙잡게 하시는 것이다(요 1:12-13). 이는 귀하고 보배로운 믿음이다. 왜냐하면 아무에게나 이러한 은혜를 주시는 것이 아니라 하나님의 택하신 백성에게만 주시기 때문이다(살후 2:13; 벧전 1:2). 따라서 구원의 믿음을 가진 자는 먼저 구원에 대한 갈망과 그리스도를 향한 열심과 사랑이 크게 일어나게 되어 있다.

7. 그리스도에 대한 믿음을 그리스도께 안주하는 것이라고 말하는 이유는 무엇입니까?

그리스도는 '기초돌'이라고 계시되어 있다(사 28:16). 우리는 구원과 영원한 생명을 위해서 그리스도에 대하여 확신과 만족함을 가지고 그 기초돌을 의지하는 것이다(시 116:7). 따라서 그리스도께 안주한다는 것은 그리스도에 대한 교리를 아는 것뿐만 아니라 그리스도를 절대적으로 의존하는 것이다(엡 1:13; 행 10:43). 그리스도를 신뢰하고(사 26:4), 그리스도의 의로우심과 완전하심에 의존하며, 그리스도 안에 있는 구원의 유익들을 구하는 것이다(엡 1:7). 이렇게 그리스도께 안주하는 이유는 자신의 어떠한 행위로 자신을 의롭게 하지 못하고 자신을 구원할 수 없다는 것을 철저히 깨달았기 때문이다.

8. 그리스도를 전적으로 받아들인다는 것은 무엇을 의미합니까?

그리스도를 전적으로 받아들인다는 것은 그리스도의 모든 직무를 자신에게 적용하는 것을 의미한다. 그리스도는 선지자, 제사장, 왕의 직무를 이 땅에 오셔서 수행하셨으며, 승천하신 후 하늘 보좌 우편에 등극하신 후에도 계속 사역하고 계신다. 선지자이신 그리스도의 가르침을 받으며, 의를 위해서 제사장이신 그리스도를 필요로 하며, 우리의 성화를 위해 왕이신 그리스도를 의지하는 것이다(고전 1:30). 따라서 그리스도를 단지 죄의 용서만을 위한 제사장으로 필요로 하는 것은 그리스도를 전적으로 받아들이는 것이 아니다.

9. 참된 신자들이 가지고 있는 구원의 믿음은 모두 같은 분량입니까?

참된 신자들이 가지고 있는 구원의 믿음이 모두 똑같은 분량은 아니다. 어떤 이들은 작은 믿음을 가지고 있으며(마 14:31), 다른 이들은 하나님께 영광을 돌리는 강한 믿음을 가지고 있다(롬 4:20). 작은 믿음과 강한 믿음 모두 구원을 받는 믿음이다. 그러나 작은 믿음은 세상 사람과 거의 같은 모습을 지니기도 한다. 작은 믿음은 은혜의 수단을 사용하는 것에 게으르기도 하며, 세상에 너무 가까이 다가가 살기도 한다. 작은 믿음은 그리스도의 풍성함을 경험하지 못한다. 반면에, 강한 믿음은 고난 가운데 주의 은혜에 대한 확신 가운데 살며, 그리스도의 풍성함을 경험한다 (요 10:10).

10. 믿음과 소망은 어떤 관계를 가지고 있습니까?

믿음으로써 보이지 않는 하나님을 볼 수 있다(히 11:27). 그리고 소망으로써 우리가 인내로 기다리는 것에 대한 확신을 가진다(롬 8:25). 믿음이 보이지 않는 것을 보게 하는 것은 하나님이 계시하셨으며, 하나님은 정직한 분이시기 때문이다(요 6:69). 하나님의 증거가 확실하기 때문이다. 따라서 믿음은 보이지 않는 것을 보게 하며, 소망은 그것을 끝까지 기다리게 해서 결국 주께서 주시는 결말을 보게 한다(약 5:11).

11. 믿음이 우리를 어떻게 의롭게 합니까?

우리를 의롭게 하는 믿음은 자신의 어떤 행위로도 자신을 구원할 수 없다는 것을 인정하고, 율법을 지켜서 자신을 의롭게 할 수 없다는 것을 인식하고 있음을 전제하고 있다(갈 2:16). 따라서 죄의 용서를 위해서 그리고 하나님으로부터 용납되기 위해서 오직 그리스도만을 의지하고 있는 상태다(빌 3:9). 그러므로 피상적인 전도 메시지를 듣거나 감정을 복받치게 하는 설교를 듣고 믿겠다고 결심하는 것은 의롭게 하는 믿음이라고 할 수 없다. 자신의 영적 무능과 불의를 철저히 깨닫고, 그리스도와 그리스도의 구속의 은혜를 알고, 그것을 적용한 상태에서 의롭게 하는 믿음이 발생되는 것이다.

12. 구원의 믿음이 아닌 믿음에는 어떤 것들이 있습니까?

하나님의 계시에 동의하거나 말씀에 계시된 진리에 동의하지만, 계시된 것에 감화가 없는 역사적 믿음이 있다. 이러한 믿음은 마귀에게서도 발견되며(약 2:19) 악한 자들에게도 있다(행 8:13). 이러한 믿음을 '역사적 믿음'이라고 부르는 이유는 성경의 역사에 동의하기 때문이다. 그러나 그것에 대해 관심이 없고 자신의 영혼에게 적용하지 않는다(행 28:26).

구원의 믿음이 아닌 종류로서 일시적인 믿음이 있다. 계시된 진리에 대해 동의하고, 정서에 어느 정도의 감화가 있다. 그러나 이것은 단지 감정에만 영향을 받은 것이며, 그 심령에 변화가 일어난 것은 아니다. 따라서 잠시 동안 견디다가 사라져 버리고 만다(마 13:20-21). 그 믿음이 피상적이어서 결국 일시적 현상으로 끝나고 만 것이다.

기적의 믿음이 있다. 이는 은사적 믿음으로, 구원의 믿음은 아니다(막 16:17-18). 기적의 믿음으로 하나님의 능력이 나타나기도 한다(고전 13:2). 이는 예외적 사역 가운데 나타나는데 기능적인 것으로서, 구원의 믿음은 아니다. 따라서 진정한 구원의 믿음과 구원의 믿음이 아닌 것을 구별해야 한다. 입술의 고백으로는 분별하기가 어렵다. 반드시 그 심령과 삶에 믿음의 효과가 있는지를 살펴야 한다. 물론 사도 바울이 우리 스스로 자신의 구원에 대해서 점검하라고 말했기 때문에 먼저 자신의 믿음에 대해서 점검해야 한다(고후 13:5).

> 질문 87. 무엇이 생명에 이르게 하는 회개입니까?
>
> 답 | 생명에 이르게 하는 회개는 구원의 은혜인데, 죄인이 자신의 죄를 진정으로 깨닫고, 그리스도 안에 있는 하나님의 자비를 이해하고, 자신의 죄를 미워하고 슬퍼하면서 죄로부터 떠나 하나님께로 돌아서며, 새로운 순종을 최고의 목적으로 삼고 노력하는 것입니다.

1. 그리스도에 대한 믿음과 생명에 이르게 하는 회개는 어떻게 구별됩니까?

그리스도에 대한 믿음이라는 것은 오직 그리스도 안에 구속의 은혜가 있으며, 그 은혜가 필요하여 그리스도를 붙잡는 것을 의미한다. 생명에 이르게 하는 회개는 자신의 죄를 철저히 인정하고, 죄에 대해 미워하고, 죄와 싸우는 성질이 형성된 것을 의미한다(고후 7:11). 하나님이 그리스도에 대한 믿음과 생명에 이르게 하는 회개를 요구하시며, 이것이 조건이 되어서 구원의 은혜를 베푸신다는 것이다. 그러나 이러한 것들은 우리 자신에게서 나오는 것이 아니다. 성령이 우리 내면에서 역사하셔서 일어나는 것이다. 하나님이 죄인들에게 믿음과 회개를 요구하시지만, 그것은 성령의 역사로 선물로 받는 것이다. 따라서 구원은 결코 우리에게서 나오는 것이 아니라 하나님의 선물이다(엡 2:8-9).

2. 생명에 이르게 하는 회개라고 말하는 이유는 무엇입니까?

구원의 은혜는 믿음과 회개로 구성되어 있다. 믿음에는 구원에 이르는 것과 구원에 이르지 못하게 하는 것이 있듯이, 회개에 있어서도 구원에 이르는 혹은 생명에 이르게 하는 회개가 있으며, 그렇지 못한 것이 있기 때문이다. 사도 바울은 믿음과 행위가 일치하지 않는 교인들을 책망했고, 책망하는 가운데 회개하는 자들이 나타났다. 바울은 이들의 회개가 진정한 회개인지, 아니면 거짓 회개인지를 분별하면서 진정한 회개를 '생명에 이르게 하는 회개'라고 불렀다(고후 7:10).

3. 생명에 이르게 하는 회개의 첫 번째 구성 요소는 무엇입니까?

생명에 이르게 하는 회개는 거짓 회개와 구별되는 뚜렷한 요소들을 가지고 있다. 그 첫 번째 구성 요소는 자신의 죄를 진정으로 깨닫고 심령이 낮아지는 것이다. 자신의 죄를 깨닫는 것은 자신의 죄가 하나님을 대항하여 지은 죄임을 인정하는 것이다(시 51:4). 그리고 자신의 죄가 하나님의 저주를 받기에 합당하다는 것을 아는 것이다(겔 18:30-32). 자신의 죄를 깨달으면서 그 심령이 낮아진다. 마치 마음을 칼로 할례하는 것과 같다. 이때 마음은 마치 바위가 산산조각 나듯이 통회하는 심령을 가지게 되고(마 5:4), 그 심령이 녹으면서 하나님이 마련하신 은혜를 받을 수 있는 상태가 된다. 이렇게 죄를 깨닫는 것은 내적인 것임에도 불구하고 외적으로 나타나기도 한다(겔 36:31).

4. 생명에 이르게 하는 회개의 두 번째 구성 요소는 무엇입니까?

그리스도 안에 있는 하나님의 자비를 깨닫는 것이다. 이는 믿음을 통해서 깨닫는 것인데(시 13:5), 자신의 죄로 인하여 낮아진 죄인은 하나님의 용서의 은혜를 구하게 되어 있다. 하나님으로부터 용서를 받지 못하면 자신의 죄에 대해 하나님의 엄중한 심판이 있다는 것을 알고 있기 때문이다. 이렇게 하나님의 은혜를 구할 때 성령을 통해서 그리스도 안에 하나님이 죄의 용서를 마련해 두셨다는 것을 알게 된다. 그래서 죄인은 그리스도 안에 있는 하나님의 자비를 깨닫게 되어 있다(롬 3:26). 이러한 깨달음 속에서 회개가 나오기 때문에 회개의 두 번째 구성 요소가 된다(슥 12:10).

5. 생명에 이르게 하는 회개의 세 번째 구성 요소는 무엇입니까?

생명에 이르게 하는 회개의 세 번째 구성 요소는 자신의 죄에 대해서 슬퍼하고 미워하는 것이다(시 38:18). 이는 성령의 역사로 인하여 심령의 내면에서 일어난다. 죄에 대해서 슬퍼하는 것은 죄가 하나님을 대적하고 욕되게 했다는 것을 깨닫고(욥 40:4-5) 자신의 죄에 대해서 역겨워하는 것이다(사 6:5). 이로 인하여 심령에는 죄에 대해서 미워하는 성질이 형성된다. 이는 우주적인 것으로서, 모든 죄에 대해 미워하는 것이다(시 119:104). 그리고 자신이 이미 알고 있는 죄에 대해서 미워하는 것이다(시 101:3). 이는 심령에 변화가 일어난 증거이며(슥 12:10), 더 이상 죄 가운데 거하지 않으며 죄에서 분명히 떠나도록 한다(욥 42:5-6; 겔 36:31).

6. 생명에 이르게 하는 회개의 네 번째 구성 요소는 무엇입니까?

죄에서 떠나는 것이다. 만약에 자신의 죄를 깨달으면서 그 죄에서 떠나지 않는 것은 회개가 아니다. 바로 왕은 모세 앞에서 자신의 죄를 인정했다(출 9:27). 그러나 죄에서 떠나지는 않았다(출 9:34). 헤롯은 자신의 죄를 분명히 알고 있었으며, 세례 요한의 꾸짖음을 달게 받았다(막 6:20). 그럼에도 헤롯은 자신의 죄에서 떠나지 않고 세례 요한을 죽이게 되었다(막 6:27). 벨릭스 총독 역시 자신의 죄를 알고 있었다. 그러나 그 죄에서 떠나기를 거부했다(행 24:27).

따라서 죄를 깨닫는 것과 죄에서 떠나는 것은 별개의 문제다. 죄에서 떠나는 것은 죄를 벗어 버리는 증거이며(고후 7:11; 겔 14:6), 더 이상 죄 가운데 살 수 없다는 고백이다. 죄에서 돌아선 증거는 죄에 대한 유혹을 받았을 때 저항하는 모습이 나타나고(시 18:23), 대화와 행동에 있어서 하나님과 사람에 대하여 양심에 거리낌이 없기를 힘쓰는 것이다(행 24:16),

7. 생명에 이르게 하는 회개의 다섯 번째 구성 요소는 무엇입니까?

하나님께로 돌아서는 것이다(호 6:1). 죄에서 떠나 하나님께로 돌아오는 것 같지만 하나님께 가지 않은 경우가 있다. 그들은 하나님을 속이는 자들이다(호 7:16). 따라서 하나님께 돌아서는 것이 반드시 있어야 생명에 이르게 하는 회개에 해당된다(렘 31:19). 죄인이 하나님께 돌아선다는 것은 하나님께 항복하는 표시다. 하나님 앞에 자신의 죄에 대해서 겸손히 고백한다(요일 1:9). 이는 성령의 역사로 가능한 것인데, 성령이 죄인의 의지를 갱신시키셨기 때문에 하나님께 돌아설 수 있다(호 2:7).

8. 생명에 이르게 하는 회개의 여섯 번째 구성 요소는 무엇입니까?

죄인이 하나님께로 돌아가면서 하나님에 대해 사랑의 표시를 하는 것이다. 그리고 하나님께 순종하는 것을 최고의 목적으로 삼고 새로운 순종의 삶을 살기 위해서 노력한다. 하나님에 대한 의무를 다하기 위해서 애쓴다(시 119:106). 이러한 노력이 없다면(마 21:30) 진정으로 회개한 것이 아니다. 하나님의 영광이 그들의 삶의 궁극적 목표가 된다(고전 10:31). 이러한 것을 '복음의 순종'이라고 부르는데, 이것이 필요한 이유는 아직도 우리의 심령에 부패성이 남아 있기 때문이다. 육신의 부패성은 우리로 죄 가운데 거하게 한다. 따라서 죄를 짓지 않는 보다 적극적인 방법은 하나님께 순종하는 것이다(롬 6:11).

9. 율법적 회개와 복음적 회개는 어떻게 다릅니까?

율법적 회개는 하나님의 진노에 대한 두려움으로부터 회개하는 것이다(마 27:3, 5-6). 그러나 복음적 회개는 그리스도 안에 있는 하나님의 자비하심을 깨닫고 회개하는 것이다(시 130:4). 율법적 회개는 하나님의 진노에 대한 두려움이 사라지면 다시 죄로 돌아가는 것이다. 죄에 대한 결과만을 깨달았기 때문이다. 가인은 죄를 지은 다음에 하나님의 심판 선고에 두려워했다(창 4:13). 그러나 그는 회개하지 않았다(창 4:16). 바로 왕이 했던 회개도 율법적 회개였다(출 9:27). 사울은 사무엘 선지자를 통하여 죄를 깨닫고 심판의 두려움 속에서 회개했지만, 그 회개는 율법적인 회개였다(삼상 15:30).

율법적 회개는 다시 죄로 돌아가는 회개로서, 일시적 회개다. 그러나 복음적 회개는 죄에서 떠날 뿐만 아니라 하나님께로 돌아가서 순종의 삶을 사는 것이다. 죄악의 성질을 깨달았을 뿐만 아니라 죄가 하나님의 거룩한 성질에 반대된다는 것을 인식했기 때문이다(눅 15:21).

10. 바울은 생명에 이르게 하는 회개의 증거들에 대해 어떻게 말했습니까?

사도 바울은 고린도후서 7장 11절에서 일곱 가지 회개의 증거를 언급했다. "보라 하나님의 뜻대로 하게 된 이 근심이 너희로 얼마나 간절하게 하며 얼마나 변증하게 하며 얼마나 분하게 하며 얼마나 두렵게 하며 얼마나 사모하게 하며 얼마나 열심 있게 하며 얼마나 벌하게 하였는가 너희가 그 일에 대하여 일체 너희 자신의 깨끗함을 나타내었느니라"(고후

7:11). '간절하다'는 것은 영적 주의를 한다는 것이며(눅 10:42), '변증한다'는 것은 자신이 의롭게 된 근거를 생각하는 것이다(사 45:24). '분하다'는 것은 죄에 대해 미워하는 것을 의미하고(시 51:5), '두려워한다'는 것은 자신의 죄에 대한 하나님의 진노가 얼마나 엄하고 무서운지를 깨닫는 마음이다(창 39:9). '사모함'이라는 것은 하나님의 법에 따라 살려고 애쓰는 마음이다(시 27:4). '열심'은 하나님의 영광에 대한 열심이며(시 137:5-6), '벌한다'는 것은 죄를 짓지 않기 위해 육신을 억제하는 것을 의미한다(롬 7:24).

11. 회개는 명령인데, 우리 자신의 힘으로 하는 것입니까?

성경에서 하나님은 우리에게 회개하라고 명령하셨다(행 17:30). 그러나 이 회개는 우리의 의지와 힘으로 할 수 있는 것이 아니다. 더욱이 우리가 회개했다고 해서 그것이 조건이 되어 죄 용서함을 받는 것이 아니다. 하나님이 은혜를 주셔야만 회개할 수 있다(렘 31:18). 회개를 위해서는 성령이 우리의 심령에 죄를 깨닫게 해주시는 각성이 있어야 한다(슥 12:10). 따라서 하나님이 회개하라고 명령하신 것은 회개를 위해서 하나님께 은혜를 구해야 한다는 것이다(슥 3:6). 다만, 자기 스스로의 생각을 가지고 회개하는 것은 피상적 회개가 된다. 반드시 하나님의 말씀이 있어야 회개할 수 있다(호 14:2). 따라서 생명에 이르게 하는 회개를 하는 자들은 자신의 의지와 힘으로 한 것이 아니라 오직 하나님의 은혜로 회개했다는 것을 인정한다(행 5:31, 11:18; 딤후 2:25).

의롭게 하는 구원의 믿음은
구원을 위해 그리스도를 붙잡고 그 안에 안주하는 것이다.
구원의 믿음을 '구원의 은혜'라고 부르는 이유는
하나님이 죄인들에게 거저 주시는 선물이기 때문이다.
구원의 은혜를 받을 만한 자격이 있어서 받는 것이 결코 아니며,
자격이 없음에도 불구하고
선물로 주시는 것이다.
따라서 구원의 믿음은 자기 자신에 대해서 자랑하지 않으며
오직 그리스도만을 높인다.

9장

질문 88-107

은혜의 수단 : 말씀, 성례, 기도

질문 88. 그리스도가 구속의 은혜를 우리에게 전달하기 위해 사용하시는 외적인 통상적 수단들은 무엇입니까?

답 | 그리스도가 구속의 은혜를 우리에게 전달하기 위해 사용하시는 외적이면서 통상적인 수단들은 그분의 규례인데, 특별히 말씀과 성례 그리고 기도입니다. 이 모든 것은 선택된 자의 구원을 위해 효과가 일어나게 하는 것입니다.

1. 성령이 우리 심령에 회개와 믿음을 일으키시는 수단은 무엇입니까?

성령이 우리 심령에 회개와 믿음이 일어나도록 역사하신다고 해서 우리는 아무것도 하지 않아도 되는 것은 아니다. 하나님은 성령의 이러한 역사가 일어나게 하기 위한 외적 수단을 정하셨다. 하나님의 말씀을 듣는 가운데 성령으로 믿음과 회개를 일으키겠다고 정하셨다(롬 10:12-17). 한편으로, 기도하는 가운데 성령이 역사하셔서 믿음과 회개가 일어나게 하겠다고 하나님이 정해 놓으셨다. 이는 하나님의 구원 계획 속에서 정하신 수단이다. 이 수단은 반드시 필요하다(행 4:12; 갈 3:22). 따라서 하나님의 말씀을 듣지 않고, 기도하지 않는다면 성령의 믿음과 회개를 일으키시는 역사를 기대할 수 없다.

2. 하나님이 정하신 은혜의 외적 수단을 어떻게 사용해야 합니까?

하나님이 구속의 은혜를 죄인들에게 전달하기 위해서 정하신 수단인 하나님의 말씀을 듣는 것과 기도하는 수단을 부지런히 사용해야 한다. 이러한 수단을 무시하거나 경멸하는 것은 매우 교만한 태도다(눅 10:16). 따라서 하나님의 은덕을 적용하는 자들은 이미 영적으로 낮아져서 이러한 수단을 부지런히 사용하게 되어 있다(잠 2:1-5). 그러나 한편으로, 이러한 수단들을 사용했기 때문에 우리에게 믿음과 회개가 일어난 것이 아니다. 하나님이 이러한 수단들을 부지런히 사용하는 가운데 구속의 은혜를 주겠다고 약속하셨기 때문이다. 따라서 우리가 은혜의 수단을 사용해서 구원을 얻는 것이 아니라 하나님의 은혜로 얻는 것이다.

3. 죄를 깨달은 죄인들은 모두 그리스도를 찾아 나섭니까?

죄를 깨달은 죄인들 모두가 죄 용서함을 받기 위해서 그리스도를 찾아 나서는 것은 아니다. 벨릭스 총독은 예수 그리스도를 믿는 도에 대해서 알고 있었다(행 24:22). 사도 바울의 설교를 통해서 죄에 대한 각성이 일어났다(행 24:25). 그러나 그는 더 이상 하나님의 말씀을 들으려고 하지 않았다. 하나님의 말씀을 거부했다. 따라서 죄에 대한 각성이 일어났다 하더라도 하나님이 마련하신 은혜의 수단 아래에 들어가서 은혜를 구하지 않는 한 그리스도에 대한 믿음은 일어나지 않는다. 벨릭스 총독에게 일어났던 각성은 일시적 각성으로서, 구원의 은혜와 관계없는 것이다.

4. 그리스도는 어디에 제시되어 있습니까?

복음 안에 그리스도가 제시되었다. 우리가 그리스도를 믿는다는 것은 복음 안에 제시된 대로 받아들인다는 것이다(골 2:6). 이는 하나님이 우리에게 제시하신 구원의 유일한 방법이다(행 4:12). 마치 광야에서 불 뱀에 물려 죽는 자들에게 구원의 유일한 방법으로 놋 뱀을 제시하신 것과 같다(요 3:14). 하나님이 마련하신 구원의 방법을 받아들인다는 것은 이미 그 영혼이 낮아져서 하나님께 굴복되었다는 것을 의미한다. 그러나 십자가에 달려 죽으신 그리스도가 어리석어 보이고, 자신의 구원을 위한 방법으로 받을 수 없다고 하여 거절하는 자는 아직 영적으로 낮아진 자가 아니며 교만한 상태다(고전 1:22). 이들은 아직 구원으로부터 멀리 있는 자들이다. 건축자의 버린 돌이 믿는 자에게는 보배로운 돌이 되지만, 믿지 않는 자에게는 걸려 넘어지는 돌이 된다(벧전 2:7-8).

5. 복음은 누구에게 제시됩니까?

구원의 복음은 모든 민족과 모든 사람에게 제시된다. 이것은 제한 없이 증거되는 것이다(막 16:16; 롬 10:4; 갈 3:26; 딤전 1:13). 복음은 모든 곳의 모든 사람에게 회개할 것과 믿을 것을 요구하고 있다(마 11:28). 이렇게 복음의 초청이 우주적이지만, 구원의 약속은 오직 믿는 자에게 적용된다(롬 10:9). 한편으로, 복음은 모든 사람이 믿을 것이라고 말하지 않는다. 더욱이 이 믿음은 하나님의 선물로서, 은혜의 수단 아래에서 성령의 유효한 역사로 선택된 자에게 주어지는 것이다(요 6:45). 따라서 우리는 부지런히 복음을 전하고 성령의 역사가 그들에게 나타나기를 구해야 한다(고전 2:4).

6. 그리스도의 구속 사역의 유익들은 무엇입니까?

그리스도가 이 땅에 오셔서 아버지의 뜻을 따라 십자가에 피 흘려 죽으심으로 우리는 그 피로 죄 사함을 얻고 죄에서 자유롭게 되었다(엡 1:7). 그리스도의 구속 사역으로 우리가 얻게 된 유익들은 죄 용서와 죄에서 해방되는 것이다(엡 1:14). 그리스도는 우리로 하나님의 상속자가 되게 하셨는데, 이것 역시 그리스도의 구속 사역의 유익이다(롬 8:17). 그리스도는 구속의 유익들을 우리에게 전달하시어 우리가 유익을 얻게 하신다.

7. 그리스도의 구속의 유익들이 우리에게 전달되는 외적 수단들은 무엇입니까?

표적과 기사와 하늘로부터 오는 음성, 꿈, 환상 등이 외적 수단이지만, 전달된 메시지를 확증하는 기능을 가지고 있지 통상적인 구원의 수단이 아니다. 유대인들은 표적을 구하였는데(고전 1:22), 이것은 그들에게 구원이 일어나게 하는 수단이 아니다. 믿기 위해 표적을 구하는 것 자체가 불신앙이다. 하나님은 우리에게 구원이 일어나도록 수단을 정하셨다. 그것은 그리스도의 구속의 유익을 죄인들에게 전달하는 통상적인 수단이다(롬 10:14-18). 규례를 통해서 그리스도를 계시하시고, 우리에게 그 수단을 가지고 그리스도를 찾으라고 명령하신다(히 13:13). 이것을 '외적 수단'이라고 말하는 이유는 내적인 수단과 구별하기 위한 것인데, 내적 수단은 성령의 유효한 역사로 인한 회개와 믿음이다(히 4:2).

8. 은혜의 전달 수단인 규례는 무엇입니까?

구원이 일어나게 하는 규례들은 사람들이 만들 수 있는 것이 아니다. 이것은 오직 하나님이 정하신 것이다. 이 규례들은 말씀과 성례와 기도다. 이것들은 '은혜의 수단'이라고 부르기도 한다. 이는 하나님이 은혜를 베푸시는 방식이며, 우리가 은혜를 받는 방법이다. 오직 하나님이 이 방법을 정하셨기 때문에 먼저 이 은혜의 수단에 굴복해야 하며, 은혜의 수단 아래로 들어와야 한다. 이 수단들을 통해서 성령이 역사하시며 그리스도의 은덕들이 전달된다. 따라서 말씀을 읽고, 설교를 들어야 하며(요

20:31), 성례에 참여해야 한다. 물론 성례는 회심의 도구가 아니지만, 믿음을 확증하는 수단이다. 기도는 특별한 구원의 수단이다. 기도 가운데 성령의 역사로 죄인이라는 것을 깨닫고, 또한 그리스도의 용서함을 체험한다(롬 8:15).

9. 그리스도의 구속의 유익들이 통상적인 수단으로 전달될 때 그 효과는 누구에게 나타납니까?

은혜의 수단들은 특별히 선택된 자에게만 유효한 것이다. 비록 선택되지 않은 자들이 은혜의 수단 아래에 있다 하더라도 그들에게는 그 수단들이 유효하지 않다. 그리스도가 비유로 말씀하셨을 때 선택되지 않은 자들은 그 의미를 전혀 깨닫지 못했다. 그러나 제자들은 그리스도의 설명으로 구원의 의미를 깨달을 수 있었다(마 13:10-11, 23). 따라서 우리가 은혜의 수단을 가지고 복음을 전할 때 그 사람이 선택된 백성인지의 여부는 그 효과로 알 수 있다(행 13:48). 은혜의 수단 아래에서 회심하고, 거룩함을 추구하는 것이 나타났다면 그 사람은 선택된 사람이다(롬 8:28-30).

> 질문 89. 말씀이 어떻게 구원을 유효하게 합니까?
>
> 답 | 하나님의 성령이 말씀 읽는 것, 그러나 특별히 말씀의 설교를 죄인들을 책망하고, 회심하는 유효한 수단으로 만들어 그들을 거룩함 가운데 세우시며, 구원에 이르는 믿음을 통해 위로하십니다.

> 질문 90. 말씀을 어떻게 읽고 들어야 그것이 구원에 유효하게 됩니까?
>
> 답 | 말씀이 구원에 유효하게 되기 위해서 우리는 반드시 부지런하게 준비하고 기도하면서 말씀을 읽는 것과 듣는 것에 참석하며, 말씀을 믿음과 사랑으로 받으며, 그것을 우리 마음에 쌓고, 우리의 삶 가운데 실천해야 합니다.

1. 하나님의 말씀이 어떻게 구원에 유효하게 됩니까?

하나님은 말씀을 읽는 것과(요 5:39) 말씀을 설교하는 것을(딤후 4:2) 구원에 유효한 수단으로 정해 놓으셨다. 성령이 말씀을 읽고 설교를 듣는 가운데 역사하셔서 영혼에 각성이 일어나게 하신다(롬 1:16). 특별히 성령이 죄인들로 하나님의 말씀을 통해서 자신들의 죄를 깨닫게 하시고, 자신들이 비참한 상태에 있다는 것을 알게 하신다(행 2:37). 성령이 죄인들로 하나님의 율법을 어겼다는 것을 알게 하시고, 그들의 불신앙을 보게 하신다(요 16:8-9). 결국 성령이 죄인들로 그리스도 안에 구속의 유익들이 있다는 것을 알게 하시고, 그리스도께로 나아가게 하신다(행 26:18). 이는 성령이 하나님의 말씀을 주권적으로 사용하신 것이다(고전 1:24-31). 물론 이것은 하나님이 정하신 구원의 통상적 수단이다.

2. 하나님의 말씀을 읽는 것과 설교를 듣는 것이 어떻게 거룩한 성도로 세워지게 합니까?

성령이 하나님의 말씀을 읽는 것과 설교를 듣는 것을 효과적이게 만드셔서 신자로 하여금 죄와 싸우게 만드신다. 성령이 말씀을 수단으로 죄악의 더러움을 보게 하시어 신자로 죄를 피하게 만드신다(시 119:11). 다른 한편으로, 성령이 말씀을 도구로 하여 신자로 그리스도의 영광을 보게 하시어 그리스도의 형상으로의 회복을 갈망하게 하신다(고후 3:18). 또한 성령이 하나님의 말씀을 통해서 신자로 자신의 의무를 깨닫게 해서 순종하게 하신다(롬 12:1). 결국 성령이 말씀을 통해서 거룩한 성도로 세우는 일을 하시는 것이다.

3. 하나님의 말씀을 읽는 것과 설교를 듣는 것이 어떻게 성도에게 위로의 수단이 됩니까?

성령이 영혼을 회심하게 하실 때 먼저 그 영혼으로 자신의 죄악으로 인하여 근심하게 만드신다(고후 7:10). 자신의 죄악 가운데 고민하고 죄의 용서를 찾고 있는 영혼에게 그리스도 안에 구원의 유익들이 있는 것을 알게 하신다. 그래서 영혼이 그리스도께 달려가도록 만드신다. 구원을 위해 그리스도를 붙잡은 영혼은 죄 용서함을 경험하게 되고, 하나님의 심판에 대한 두려움에서 벗어나게 된다. 이때 성령은 그 영혼을 위로하셔서 하나님을 향하여 '아빠 아버지'라고 부를 수 있게 하신다(롬 8:15). 회심한 이후에는 성령이 하나님의 말씀을 읽고 설교를 듣는 영혼 위에 일하셔서 그들로 하나님의 귀중한 약속을 보게 하시어 위로하신다(롬 15:13).

4. 하나님의 말씀을 어떻게 읽고 들어야 구원에 유효하게 됩니까?

우선 하나님의 말씀을 개인적으로 연구해야 한다(요 5:39; 행 17:11). 그리고 체계적으로 성경을 연구해야 한다(계 1:3). 성경을 부지런히 읽어야 하며(딤후 4:2), 공예배 시에 사역자의 설교를 들어야 한다(느 8:2-3). 물론 설교자는 하나님의 말씀을 단순하고 평이하게 강론해야 한다(고전 2:4, 14:9). 교회의 모든 예배에 정기적으로 참석하여 말씀을 읽고 들어야 한다(히 10:25). 또한 설교를 위해서 기도로 준비해야 하며(행 1:14) 믿음으로 말씀을 받아야 한다. 그 말씀이 구원에 필요한 말씀일 뿐 아니라 그 말씀이 개인에게 직접 전달되는 것과 같이 받아야 한다(행 10:33). 또한 말씀을 사랑으로 받아야 하며(살후 2:10), 자신의 심령에 쌓아 두어(시 119:21) 묵상하고(시 1:2) 삶 속에서 실천해야 한다(약 1:21-22).

> 질문 91. 성례가 어떻게 구원의 유효한 수단이 됩니까?
>
> 답 | 성례가 구원의 유효한 수단이 되는 것은 성례 자체가 가지고 있는 어떤 덕으로부터 오는 것이 아니며, 성례를 집행하는 자로부터 오는 것도 아닙니다. 오직 그리스도의 축복과 성례를 믿음으로 받아들이는 자들 안에 성령의 역사하심에 의한 것입니다.

> 질문 92. 성례는 무엇입니까?
>
> 답 | 성례는 그리스도에 의해 제정된 거룩한 예식이며, 지각할 수 있는 표시들에 의하여, 그리스도와 새 언약의 은덕들을 신자들에게 나타내고, 보증하며, 적용하는 것입니다.

1. 성례 자체가 은혜를 제공하는 힘이 있습니까?

성례 자체가 덕이 있거나 효력이 있어서 구원을 제공하는 것이 아니다. 성례는 은혜의 통상적인 외적 수단이다. 따라서 그 자체로 효력이 있는 것이 아니다. 성례는 또한 베푸는 자의 덕에 의해서 효력이 있는 것도 아니다. 따라서 단지 물리적으로 성례에 참여하는 것으로는 아무런 효력이 없다(행 8:13). 유대인들이 할례를 받았지만, 그들은 율법을 어기는 자들이었다. 그들에게는 할례가 어떤 효력이나 유용성이 없었다(롬 2:25). 시몬도 빌립 집사로부터 세례를 받았다. 그러나 그의 마음에는 악독이 가득 차 있었으며 세례가 그에게 어떤 유용성도 없었다(행 8:13, 23).

2. 성례가 어떻게 구원의 유효한 수단이 됩니까?

성례의 효력은 그리스도의 축복하심과 성령의 역사로부터 오는 것이다. 그리스도가 성례에 대해 축복하셔야 유효하게 되며, 축복하심이 없다면 아무것도 아니다(마 26:26-28). 성령은 영혼을 회심시키는 과정에서 영혼에 은혜를 심어 두셨다. 그리고 성례가 시행될 때 성령이 그 은혜를 불러일으키며 확장하신다(슥 4:6). 성례에 참여할 때 그리스도가 축복하시고, 성령의 역사하심에 의하여 자신의 죄가 용서받았다는 것을 확신하고, 하나님이 자신을 받아 주신 은혜에 감격하며, 그리스도가 여전히 생명을 주시는 것을 감사하게 된다. 따라서 우리는 성례에 참여할 때 그리스도의 축복하심과 성령의 역사에 의지해야 한다.

3. 성례는 누가 제정하셨습니까?

성례는 그리스도가 제정하셨다(마 28:19). 그리스도가 거룩한 목적과 용도를 위해 제정하셨다. 그리스도는 교회의 머리로서 성례를 정할 권한을 가지고 계신다(엡 1:22-23). 성례는 두 가지 요소를 가지고 있는데, 첫 번째로 외적이며 눈에 보이는 표시를 가지고 있으며, 두 번째는 내적이며 영적인 은혜를 나타낸다(마 3:11; 요 6:53-56). 외적으로 눈에 보이는 성례는 은혜를 나타낸다(요 6:56). 눈에 보이는 표시를 통해서 영적 은혜를 나타내는 목적이 있다. 따라서 성례를 통해 우리의 기억을 새롭게 한다. 여호수아가 돌을 세워 모든 사람으로 기억하게 한 것과 같은 이치다(수 4:7).

4. 성례는 무엇을 나타냅니까?

성례는 그리스도와 새 언약의 유익들을 나타낸다. 그리스도는 십자가에 못 박히셨으며 피를 흘리셨다(갈 3:1). 성례는 그리스도의 피의 언약을 보게 한다(출 24:8). 성례를 통해서 그리스도와 새 언약의 유익들이 합당하게 받는 자들에게 전달된다(고전 11:27-29). 성례를 통해서 그리스도의 놀라운 사랑을 다시 확인하게 된다. 따라서 그리스도께 감사하게 된다. 또한 성례는 우리가 그리스도와 함께 장사되고 그리스도와 함께 부활된 것을 분명히 보여 주기 때문에 더 이상 죄 가운데 살지 않게 하고, 하나님에 대해 살게 한다(롬 6:6).

질문 93. 신약에서의 성례는 무엇입니까?

답 | 신약에서의 성례는 세례와 주의 성찬입니다.

---

1. 구약에서의 성례는 무엇입니까?

구약에는 여러 성례가 있었다. 아직 죄가 세상에 들어오기 전에 에덴동산에는 생명나무와 선악을 알게 하는 나무가 있었다(창 2:9). 이 나무들은 하나님의 은혜와 명령을 생각나게 하는 것들이었다. 생명나무를 보고 열매를 먹으면서 영원한 생명 가운데 있게 하신 하나님의 은혜를 기억하는 것이다. 한편으로, 선악을 알게 하는 나무를 보면서 하나님이 주신 계명을 생각하는 것이다. 순종하도록 도전을 주는 것이었다. 따라서 성례에 해당된다. 그런데 신약의 성례와 더욱 가깝게 일치하는 구약의 성례는 할례와 유월절이다. 구약에서 할례는 옛 사람을 잘라 버렸다는 의미를 가지고 있었다. 언약 백성으로, 더 이상 옛 사람으로 살아가지 않고 새사람으로 살아가는 의미다(갈 3:27, 29). 유월절의 희생 제사는 반드시 죄를 속해야 하며, 그리스도가 우리로 죄에 대한 하나님의 심판을 넘어갈 수 있게 해주신다는 것을 보여 주었다(고전 5:7).

2. 신약에서의 성례는 무엇입니까?

신약에서의 성례는 세례와 주의 성찬이다. 이는 구약의 할례와 유월절과 그 형태가 다르다. 피를 뿌렸던 것은 이제 그리스도의 희생으로서 그 피의 효과를 보여 주는 것이 되었다. 그래서 우리는 그리스도의 속죄의 제사로 성취된 것을 성례로써 기억하는 것이다(엡 5:2). 할례나 유월절 모두 피가 있었다. 그리스도가 피를 직접 흘리셔서 신약에서는 그 피의 효력을 성례로 보여 준다. 따라서 신약에서의 성례는 영원한 생명을 우리로 볼 수 있게 해준다.

> 질문 94. 세례란 무엇입니까?
>
> 답 | 세례는 성례의 하나로서 성부와 성자와 성령의 이름 안에서 물로 씻는 것입니다. 이것은 우리가 그리스도께 접붙임된 것과 은혜언약의 은덕들에 참여하는 것과 우리가 주님의 소유가 되었다는 것을 의미하고 확증하는 것입니다.

> 질문 95. 세례는 누구에게 베풀어지는 것입니까?
>
> 답 | 세례는 유형교회 밖에 있는 사람에게 베풀어지는 것이 아닙니다. 그리스도에 대한 자신들의 신앙과 순종에 대한 고백이 있어야 받을 수 있습니다. 그러나 유형교회의 회원의 유아들에게는 세례가 베풀어집니다.

1. 세례 시에 삼위 이름으로 물로 씻는 이유는 무엇입니까?

세례에 정해진 요소는 물이다. 물을 사람에게 적용할 때는 언제나 청결하게 하는 의미를 가진다. 몸을 물로 씻는 것은 영적으로 청결하게 하는 것이다(행 22:16). 따라서 신자에게 적용할 때에는 그리스도의 보혈로 죄책에서 벗어났으며(슥 12:10), 성령에 의하여 중생하여 거룩하게 된 것을 나타낸다(요 3:5; 딛 3:5). 삼위 이름으로 세례를 받는 이유는 하나님이 우리의 아버지이시며, 그리스도가 구주가 되시고, 성령이 우리를 거룩하게 하는 분이심을 나타내고(마 28:19), 세례 받은 이가 아버지와 아들과 성령께 드려진 바 되었음을 의미한다(사 44:5).

2. 세례가 확증하는 것은 무엇입니까?

세례는 우리가 그리스도께 접붙임된 것과 은혜언약의 유익들에 참여하는 것과 우리가 주님의 소유가 되었다는 것을 확증한다. 세례는 우리가 그리스도께 연합되어 생명을 얻는 것을 증거한다(고전 12:13-26). 따라서 세례를 '교회에 가입하는 의식'이라고 부르며, 세례를 받는 이가 언약 안에 있다는 것을 공개적으로 보여 준다. 믿음으로 그리스도께 연합되면 그리스도 안에 있는 구원의 유익들을 누릴 수 있다. 따라서 세례는 믿음을 더욱 강화해 주는 기능을 한다. 한편으로, 그리스도께 연합되었다는 것은 주님의 소유가 되었다는 것을 의미한다. 세례를 받은 이는 이제 그리스도를 위해 살아야 하며(빌 1:21), 그리스도의 뜻을 행해야 하며, 그리스도의 성도를 사랑해야 하는 책임이 있다(고전 12:13).

3. 세례를 받기 위한 조건은 무엇입니까?

세례를 받기 위해서는 신앙 고백과 순종의 증거가 있어야 한다(행 8:36). 세례 후보자는 반드시 자신이 진리를 이해하고 있다는 것과 진리에 따라 사는 것을 보여 주어야 한다. 신앙 고백에 있어서는 삼위 하나님과 구속 사역에 대해서 설명할 수 있어야 하며, 중생의 필요성에 대해서 말해야 하고(요 3:5), 구원의 효과에 대해서 진술할 수 있어야 한다. 또한 하나님 아버지에 의해 양자 된 것과 그리스도의 보혈에 의한 속죄와 성령에 의한 성화를 고백해야 한다. 한편으로, 자신이 예배에 빠지지 않으며, 주일을 지키고, 하나님께 자신을 드린 증거가 있어야 한다. 이렇게 신앙 고백과 순종의 삶을 증거하여 세례를 받으면 교회의 회원이 되고 영적 특권을 누리게 된다.

4. 유아세례는 누구에게 베푸는 것입니까?

유형교회의 유아들에게는 세례가 베풀어지는데, 부모의 신앙 고백(창 17:7)을 통해서 베푼다. 유아들에게 세례를 베푸는 근거는 그들을 부모와 동일시하여 거룩함으로 부르신 것으로 보는 것이다(엡 6:1-4). 물론 예수님이 아이들을 받아 주신 것을 근거로 교회의 회원이 될 수 있다고 본다(마 19:14; 눅 18:16). 또한 사도들이 가족들에게 세례를 베푼 것을 따라 하는 것이다(행 16:31-33; 고전 1:16). 유아가 세례를 받음으로써 성령의 거룩하게 하심과 중생의 중요성을 증거한다.

질문 96. 주의 성찬이란 무엇입니까?

답 | 주의 성찬이란 성례의 하나로서, 떡과 포도주를 주고받는 것인데, 그리스도가 정하신 것에 따라 그리스도의 죽으심을 나타내 보이는 예식입니다. 주의 성찬을 합당하게 받는 자는 육체적이고 육욕적인 방식을 따라서가 아니라 믿음으로 그리스도의 몸과 피에 참여하며 은혜 안에서 영적 양육과 성장을 위한 모든 은덕을 얻는 것입니다.

> 질문 97. 주의 성찬을 합당하게 받기 위해서 무엇이 요구됩니까?
>
> 답 | 주의 성찬을 합당하게 받고자 하는 자들에게 요구되는 것은 주의 몸을 분별하는 지식이 있는지의 여부와 믿음이 있는지 그리고 회개와 사랑과 순종이 자신에게 있는지를 스스로 점검하여, 합당하지 않게 먹고 마시지 않게 하여 자신들에게 심판이 되지 않게 하는 것입니다.

1. 주의 성찬은 무엇을 나타냅니까?

주의 성찬은 떡과 포도주를 주고받는 것이다. 이를 주의 상(고전 10:21), 성만찬(고전 10:16), 축복의 떡과 잔이라고 부른다. 떡과 포도주는 그리스도의 몸과 피를 나타낸다(고전 11:24-25). 주의 성찬은 유월절 제사와 긴밀하게 관련되어 있는데, 유월절 양의 피로 애굽에서 건짐 받은 일을 기념하듯이, 그리스도의 보혈로 인한 죄 사함을 나타낸다(고전 5:7). 주의 성찬을 통해서 우리는 구속에 감사하는 것이다. 떡을 받고 포도주를 받는 것은 믿음으로 그리스도의 구원을 기꺼이 받아들인다는 것과 하나님의 구속의 은혜를 거저 받는다는 것을 기억하는 것이다(요 3:27). 주의 성찬에 참여함으로 우리는 그리스도의 구원이 필요하다는 것과 죄의 용서와 영적인 삶의 성장에 있어서 그리스도를 전적으로 의지한다는 고백을 하는 것이다.

2. 주의 성찬을 합당하게 받는 방법은 무엇입니까?

주의 성찬에 참여하는 것은 교회 회원으로서 특권과 의무다. 주의 성찬에 참여하기 위해서는 영적으로 요구되는 것이 있다. 먼저 주의 성찬을 취할 수 있는 자는 회심한 자여야 한다. 신앙 고백과 삶이 일치해야 한다. 주의 성찬을 취하는 자는 구원의 계획에 대한 지식이 있어야 하며, 성령의 유효한 역사가 있어 거룩한 삶의 증거가 있어야 한다. 주의 성찬이 상징하는 바와 성령의 역사에 의한 효과들을 알고 있어야 한다. 영적으로 무지한 자와 도덕적 문제가 있는 자들은 주의 성찬을 받을 수 없다. 세례를 받았다 하더라도 신앙 고백에 따라 살지 않는 자들은 회개의 증거가 있을 때까지 성찬을 받는 것을 유보해야 한다(고전 5:11). 주의 성찬을 합당하게 받기 위해 자신의 영적 상태를 스스로 확인해 보아야 한다(고후 13:5). 합당하지 않게 먹고 마시는 자들은 자신들에게 심판이 된다(고전 11:30, 32).

> 질문 98. 기도는 무엇입니까?
>
> 답 | 기도는 우리의 원하는 것을 하나님께 드리는 것입니다. 하나님의 뜻에 일치하는 것들을 위해 그리스도의 이름으로, 우리의 죄의 고백과 하나님의 자비를 인정하는 감사하는 마음으로 하나님께 드리는 것입니다.

1. 기도는 무엇입니까?

기도는 우리의 원하는 것을 하나님께 간구하는 것이다. 기도는 오직 하나님께 드려지며(시 5:2-3) 하나님께 예배하는 행위다(마 4:10). 하나님만이 모든 것을 다스리시며, 모든 곳에 편재하시고, 우리를 보호하시며, 우리에게 구원의 은혜를 주시기 때문에 오직 하나님께 기도드리는 것이다(엡 3:14-19). 또한 하나님만이 우리의 기도에 응답하실 수 있기 때문에 하나님께 기도드린다. 따라서 하나님께 기도드릴 때 확신을 가지고 기도해야 한다(요일 5:14).

2. 우리의 기도 가운데 삼위 하나님과의 관계는 무엇입니까?

우리의 기도 속에서 삼위 하나님의 각 위와 특별한 관계를 가지게 된다. 우리는 하늘에 계신 아버지께 기도한다(마 6:9). 우리는 성령에 의하여 그리고 그리스도를 통해서 아버지께 나아갈 수 있다(엡 2:18). 성령은 우리가 기도할 것을 가르쳐 주시고(롬 8:26), 그리스도는 우리의 간구를 보증해 주시며, 아버지께서는 우리가 구하는 것을 허락하시는 것이다. 따라서 우리는 기도할 때 삼위의 각 위가 하시는 일에 대해서 먼저 묵상해야 하며 겸손하게 기도해야 한다.

3. 기도의 요소들에는 무엇이 있습니까?

기도에는 세 가지 요소가 있는데, 간구와 고백과 감사다. 간구는 우리의 원하는 것을 하나님께 드리는 것인데, 마음에서 나오는 것이어야 하며(사 29:13), 하나님의 뜻과 일치되어야 한다. 하나님의 뜻에 일치된다는 것은 그분의 의로우심과 어긋나서는 안 되는 것을 말한다. 고백은 기도 속에서 우리의 죄를 고백하는 것이다. 죄를 고백하는 것은 의로우신 하나님 앞에 나온 것과 죄인임에도 불구하고 하나님이 은혜를 베푸시는 것을 인정하는 것이다(시 32:5). 죄를 고백할 때 죄에 대한 미움과 슬픔이 있어야 한다(눅 18:13). 감사는 하나님이 베푸신 은혜에 대한 인정이다. 하나님의 축복을 받을 만한 자격이 없음에도 불구하고 베푸신 은혜와 이 땅에서의 일시적이지만 주신 물질과 영적인 축복들에 대해 감사하는 것이다(시 145:9).

4. 그리스도의 이름으로 기도하는 것과 성령 안에서 기도하는 것은 무슨 의미입니까?

그리스도의 이름으로 기도하는 것은 우리의 기도가 하나님이 받으시고 응답하시기 위해서 그리스도만을 의지한다는 의미다(엡 3:12). 우리는 그리스도와 연합되어 있기 때문에 그리스도의 구속의 유익들을 가지고 하나님께 호소할 수 있다. 그리스도 안에서 하나님의 자녀로서 하나님의 사랑과 특권과 유업을 요구할 수 있다(요 14:13; 엡 3:12). 성령 안에서 기도하는 것은(엡 6:18) 성령이 우리의 필요를 알게 하시며(시 51:10-11), 하나님의 뜻을 알게 해주시는 것을 의미한다(롬 8:26-27). 성령은 우리의 마음을 하나님께 쏟아붓게 도와주신다(엡 2:18). 성령은 우리가 기도할 때 소망을 일으키시고 응답에 대한 확신을 주신다.

> 질문 99. 하나님이 우리에게 기도의 지침으로 주신 것은 무엇입니까?
>
> 답 | 하나님의 말씀 전체가 우리의 기도의 지침에 유용합니다. 그러나 그리스도가 자신의 제자들에게 기도의 형태로 주신 특별한 지침의 규정이 있는데, 주기도문이라고 부릅니다.

> 질문 100. 주기도문의 서문이 우리에게 가르치는 것은 무엇입니까?
>
> 답 | 주기도문의 서문은 "하늘에 계신 우리 아버지여"인데 이것은 우리가 거룩한 경외심과 확신을 가지고 하나님께로 나아가는 것을 가르칩니다. 마치 자녀가 아버지에게 가듯이 말입니다. 하늘 아버지께서는 우리를 도우실 수 있으며, 준비되어 있으십니다. 그래서 우리는 다른 사람들과 함께 그리고 다른 사람을 위해 기도해야 합니다.

1. 주께서 우리에게 기도의 지침으로 주신 것은 무엇입니까?

사람은 자연적으로 하나님에 대해서 무지하며, 완전하신 영광에 대해서 모른다(롬 3:11). 자기 자신들의 죄 때문이다(계 3:17). 따라서 기도의 지침이 필요하다. 하나님의 말씀 전체가 우리에게 기도의 지침으로 유용하다. 하나님의 말씀에는 수많은 믿음의 인물들의 간구와 고백의 기도가 있기 때문이다(창 18:22-23; 단 2:18-19; 행 12:5, 7-11). 그럼에도 주께서 자신의 교회와 백성들을 지키시기 위해서 특별한 기도의 지침을 주셨다. 그리스도가 제자들에게 기도의 형태로 특별한 지침을 주셨다. 이것을 '주기도문'이라고 부른다. 이것은 매우 단순하면서 포괄적이며 기도의 방법을 보여 준다. 우리의 간구가 있으며, 죄에 대한 고백이 있고, 하나님의 은혜에 대해서 감사가 있다. 한편으로, 주기도문은 서문, 간구들, 결론으로 구성되어 있다. 간구는 6개로 배열되어 있다. 따라서 주기도문은 우리로 계속해서 기도하기를 권면하고 있으며, 하나님과의 교통이 기도 가운데 지속되기를 요구하고 있다.

2. 주기도문에서 "하늘에 계신 우리 아버지여"라는 서문은 무엇을 의미합니까?

기도는 하나님께 드리는 것이다. 하나님의 주권과 위엄과 은혜를 인식하며 경외하는 마음으로 기도드리라는 의미를 가지고 있다. 기도하는 자는 반드시 하나님이 하늘에 계신 것과 우리는 땅에 있다는 것을 기억해야 한다(시 11:4). 하나님은 우리의 아버지이시며, 우리를 사랑하시고, 우리와 교통하기를 즐거워하시며, 우리가 구하는 것을 주실 준비가 되어 있음을 알아야 한다. 따라서 하나님께 기도드릴 때 가장 겸손한 마음으로 드려야 한다(눅 11:2). '우리 아버지'라고 구체적으로 부를 것을 가르쳐 주셨는데, 새 언약에 근거해서 부를 수 있는 것이다. 한편으로, 다른 사람들을 위해서 기도해야 할 것을 말하고 있으며, 교회와 가정에서 예배하면서 함께 기도해야 하는 것을 의미한다.

> 질문 101. 첫 번째 간구에서 우리는 무엇을 위해 기도해야 합니까?
>
> 답 | 첫 번째 간구는 "이름이 거룩히 여김을 받으시오며"인데, 우리는 하나님이 우리와 다른 사람들로 모든 것에 하나님을 영화롭게 할 수 있도록 기도해야 하며, 이로써 하나님 자신이 나타나시며, 하나님이 모든 일을 자신의 영광을 위해 처리하시게 하는 것입니다.

1. 주기도문에서 첫 번째 간구의 내용은 무엇입니까?

첫 번째 간구는 "이름이 거룩히 여김을 받으시오며"이다. 첫 번째 간구의 주 관심사는 하나님의 영광을 위한 것이다. 하나님은 가장 귀한 분이시며, 우리에게 구원의 은혜를 베푸시는 분이다. 더욱이 하나님의 이름을 언급한 이유는 하나님의 성품과 속성, 말씀과 사역 속에서 나타난 특징을 기억하고 생각하여 기도하는 것을 요구한다. "거룩히 여김을 받으시오며"는 하나님에 대해서 특별한 영광을 돌리는 것이 기도 가운데 있어야 한다는 것이다. 첫 번째 간구는 하나님을 경외하는 행위가 된다.

2. 첫 번째 간구로부터 우리는 실제적으로 어떻게 기도해야 합니까?

첫 번째 간구의 적용은 우리가 하나님이 베푸신 은혜들을 인정하는 기도를 드리는 것이다. 하나님의 창조의 사역에 있어서 하나님의 능력과 영광을 찬양하는 것이다(롬 1:20). 하나님의 자비 가운데 베푸시는 섭리에 대해서도 찬양해야 하며(창 32:10), 악인들에 대해서 공의로 심판하시는 하나님을 경외하는 기도를 드리는 것이다(시 119:120). 하나님의 구속의 방법에 대해서 찬양하고, 오직 그리스도를 통해서 구원하시는 것에 대해서 하나님의 지혜를 높여야 한다(고전 1:24).

3. 첫 번째 간구에 대해서 하나님은 어떻게 응답하신다고 약속되어 있습니까?

하나님의 이름을 영화롭게 하는 기도에 대해서 하나님은 자신을 나타내시며, 모든 일을 자신의 영광을 위해서 처리하실 것이라고 약속하고 있다. 하나님은 그리스도 안에서 자신을 나타내시며(요 1:14), 백성들의 삶 속에서 드러내실 것이다(마 5:16). 심지어 모든 불행과 재앙 가운데서도 상황을 자신의 백성들에게 유익이 되게 하실 것이다(행 19:19-21). 첫 번째 간구에 대해서 하나님은 섭리를 통해서 자신의 이름을 영화롭게 하실 것이다.

> 질문 102. 두 번째 간구에서 우리는 무엇을 위해 기도해야 합니까?
>
> 답 | 두 번째 간구는 "나라가 임하시오며"인데 우리는 사탄의 왕국이 파괴되기를 위해 기도해야 하며, 은혜의 왕국이 진전되고, 우리 자신과 다른 사람들이 그리로 들어가고, 그 안에서 지킴을 받으며, 결국 왕국의 영광이 촉진되는 것을 위해 기도하는 것입니다.

1. 두 번째 간구가 포함하고 있는 가장 우선 된 내용은 무엇입니까?

두 번째 간구는 "나라가 임하시오며"이다. 이 간구는 세 가지 내용을 가지고 있다. 가장 우선 되는 내용은 하나님의 주권이 모든 것에 실행되어서 하나님의 영광이 나타나게 해달라는 간구다(시 103:19). 이 간구는 하나님의 통치가 교회와 백성 위에 실행되어서 교회와 백성을 돌보아 달라는 의미다(시 59:13). 하나님은 자신의 주권을 그리스도께 위임하셨다(마 28:18). 따라서 이 간구는 그리스도의 통치로 많은 영혼이 구원의 은혜를 얻기를 기도하는 것이 된다(눅 17:20-21).

2. 두 번째 간구가 포함하고 있는 그다음의 내용은 무엇입니까?

두 번째 간구는 사탄의 왕국이 파괴되기를 기도하는 것이다. 사탄은 하나님을 대적하여 하늘로부터 쫓겨난 천사다(계 12:9). 사탄은 하나님을 향하여 적대감과 미움을 가지고 특별히 하나님의 백성들을 유혹하여 죄를 짓게 하는 일을 하고 있다. 사탄은 세상을 미혹하여 사람들로 영적으로 혼미하게 만들어서 진리의 빛으로 나아오지 못하게 한다(고후 4:4). 거듭나지 않은 모든 자연인은 사탄의 종 된 상태다(엡 2:2). 사탄은 오류와 이단의 가르침을 만들어서 교회를 공격한다(벧후 2:1). 따라서 우리는 사탄의 왕국이 파괴되기를 기도해야 한다.

3. 두 번째 간구가 포함하고 있는 마지막 내용은 무엇입니까?

은혜의 왕국의 진전이다. 은혜의 왕국의 진전으로 사탄의 왕국은 파괴되는 것이다(요 12:31). 은혜의 왕국의 진전으로 사탄의 권세가 약해지고(계 12:9-10) 사탄에게 종 되었던 자들을 자유하게 하는 것이다(눅 4:18). 은혜의 왕국의 진전이란 구원의 은혜를 얻은 백성들이 교회로 몰려오는 것이다(슥 8:20-23). 유대인과 이방인 모두 주의 교회로 몰려오고 온 땅에서 거룩을 나타내는 것이다(롬 10:12). 이러한 은혜의 왕국의 진전은 복음 전파와 성령의 저항할 수 없는 역사로 이루어진다(시 110:2-3). 따라서 두 번째 간구는 복음이 온 세상에 편만하게 증거되는 것과 그것 위에 성령의 부어 주심이 있기를 기도하는 것이다(행 2:33).

> 질문 103. 세 번째 간구에서 우리는 무엇을 위해 기도해야 합니까?
>
> 답 | 세 번째 간구는 "주의 뜻이 하늘에서 이루어진 것같이 땅에서도 이루어지이다"입니다. 우리는 마치 천사들이 하늘에서 하는 것과 같이 하나님의 은혜로 모든 것에 있어서 하나님의 뜻을 기꺼이 알고, 순종하며, 굴복될 수 있도록 기도해야 합니다.

1. 세 번째 간구에서 '주의 뜻'은 우선 무엇을 의미하는 것입니까?

주기도문의 세 번째 간구는 "주의 뜻이 하늘에서 이루어진 것같이 땅에서도 이루어지이다"이다. 이 간구에서 '주의 뜻'은 문맥상 교회를 향한 하나님의 뜻이다. 교회는 단지 외적인 사회 기관이 아니라 영적인 기관이다(엡 1:10, 22-23). 그리스도가 교회를 세상으로부터 구별하셨다(요 15:19). 따라서 교회는 세상 속에서 거룩하신 하나님을 나타내는 기관이다. 그러므로 우리는 교회가 이 세상에서 하나님의 뜻을 나타내도록 기도해야 한다. 물론 교회는 이 기능을 할 수 있도록 교리를 순수하게 지키고, 거짓 교사들을 금하고, 이단을 정죄하며, 하나님의 전체 경륜에 대해서 선언해야 한다. 교회는 진리에 대해 순종하고 성령의 은사로 풍성해야 한다(엡 1:3, 3:16).

2. 세 번째 간구에서 '주의 뜻'은 개인에게 어떻게 적용됩니까?

세 번째 간구에서 '주의 뜻'은 개인에게 적용될 수 있다. 각 그리스도인들은 거룩에 힘써야 한다(벧전 1:16). 거룩에 힘쓰는 것은 자신에게 남아 있는 부패성을 성령으로 죽이는 것이며(롬 8:13), 성령을 따라 계명을 지키며(롬 8:4), 자신을 하나님께 더욱 드리는 것이다(롬 6:13). 말과 행실의 모든 영역에서 거룩하기를 힘쓰며(살전 5:23), 성령의 은사들로 구비하여(딤후 3:17), 봉사의 직무를 다하고(엡 4:12), 섬김으로 사랑을 나타내며(요 14:15), 그리스도를 위해 즐거이 고난받는 것이다(빌 1:29). 세 번째 간구는 신자 개인을 향한 하나님의 뜻을 받들겠다는 의지를 드리는 기도다.

3. 세 번째 간구에서 실제로 '주의 뜻'에 순종하도록 어떤 기도의 내용이 포함됩니까?

세 번째 간구에서는 실제로 주의 뜻에 순종할 수 있도록 은혜를 달라는 기도의 내용이 포함된다. 우리는 본성상 하나님의 뜻을 안다고 하더라도 순종하기를 좋아하지 않는다. 하나님의 뜻에 순종하는 것을 미루고, 심지어 반대로 행하기도 한다. 우리의 마음이 굽어졌으며, 우리의 육신이 아직 남아 있기 때문이다. 따라서 하나님의 뜻에 순종하기 위해서는 은혜가 필요하다. 그 은혜는 우리의 의지에 영향을 주어서 우리로 즐거이 순종하게 한다(스 1:5). 성령이 우리의 의지에 감화를 주셔서 우리로 하나님의 뜻을 순종할 수 있게 하신다(빌 2:13). 하나님은 우리의 의지에 영향을 주셔서 우리로 순종할 수 있게 해주겠다고 약속하셨다(고후

12:9). 따라서 우리는 성령이 우리의 의지에 감화를 주시기를 구해야 한다(렘 31:18).

> 질문 104. 네 번째 간구에서 우리는 무엇을 위해 기도해야 합니까?
>
> 답 | 네 번째 간구는 "오늘 우리에게 일용할 양식을 주시옵고"입니다. 우리는 이생의 모든 좋은 것의 몫을 자족함으로 받는 것과 그것과 함께 하나님의 축복을 즐기는 것을 기도해야 합니다.

1. 네 번째 간구에서 '일용할 양식'은 무엇을 의미하는 것입니까?

네 번째 간구는 "오늘 우리에게 일용할 양식을 주시옵고"이다. 이 간구에서 '일용할 양식' 혹은 '빵'은 이 세상의 좋은 것들을 표현하는 것이다. 이 세상의 좋은 것들이란 우리의 생활에 필요한 모든 것을 말하는데, 먹을 것과 마실 것은 물론이거니와 우리가 피난처로 삼을 수 있는 집과 수면 등을 포함한다. 이러한 것들은 우리의 몸을 위해 필요한 것들이다(약 2:16). 이러한 것들은 이 세상에서 사는 동안 필요한 일시적인 것이지만, 우리의 자연적 삶을 유지하기 위해 기도해야 한다(사 3:1). 이런 것들이 없다면 우리의 영적인 삶도 유지할 수 없기 때문이다.

2. 네 번째 간구에서 '오늘'과 '일용할 양식'이라는 어구들은
무엇을 의미합니까?

'일용할 양식'이란 양이 많지 않은 것으로, 일시적인 위로를 주는 것이다. 이러한 양을 위해 기도하라는 것은 하나님이 주신 것으로 자족하라는 것이다. 또한 우리로 교만하지 않도록 만드시는 조치다(잠 30:8). 우리는 외적으로 번영할 때 영적으로 주의를 기울여야 한다. 가지고 있는 재물을 가지고 영적인 안전 보장을 삼지 않도록 해야 한다. 한편으로, '오늘'이란 단어는 내일 일에 대해서 걱정하지 말고(마 6:34) 매일의 삶을 온전히 주께 맡길 것을 요구하시는 것이다. 하나님은 계속해서 우리를 축복하신다. 오늘 우리에게 필요한 것을 주신 주께서 내일과 모레도 계속해서 공급해 주실 것이다. 따라서 네 번째 간구는 매일 축복하시는 주님의 신실성에 대한 확신을 갖게 하는 기도이며, 하나님이 주신 것으로 자족하게 하는 기도다.

> 질문 105. 다섯 번째 간구에서 우리는 무엇을 위해 기도해야 합니까?
>
> 답 | 다섯 번째 간구는 "우리가 우리에게 죄지은 자를 사하여 준 것같이 우리 죄를 사하여 주시옵고"인데, 하나님이 우리의 모든 죄를 그리스도를 위하여 거저 용서해 주시기를 기도하고, 그분의 은혜 때문에 우리가 다른 사람을 마음으로부터 용서하는 것이 가능하기를 기도하는 것입니다.

1. 네 번째 간구와 다섯 번째 간구가 연결되어 있는 이유는 무엇입니까?

네 번째 간구는 '일용할 양식'을 구하는 것이며, 다섯 번째 간구는 '우리 죄를 사하여 주시옵고'이다. 그런데 네 번째 간구와 다섯 번째 간구가 '그리고'라는 접속사로 연결되어 있다. 이는 우리의 죄가 용서함을 받고 그리스도 안에서 받아들여지지 않는 한 외적인 축복이 하나님의 축복이 될 수 없다는 것을 의미한다(고전 3:22-23). 사람들은 외적이며 물질적인 축복을 가지고 그 사람이 복 받았다고 말한다. 그러나 영적이지 않으며 회심하지 않은 상태에서의 물질적 축복은 하나님의 축복이 아니며, 오히려 외적인 축복으로 그리스도로부터 더욱 멀어지게 만들기 때문에 위험한 것이다(눅 18:23).

2. 다섯 번째 간구에서 죄를 빚으로 말하는 이유는 무엇입니까?

죄는 하나님의 공의에 따라 심판을 받는다(롬 6:23). 그런데 사람들은 어떤 행위로도 하나님의 심판을 없앨 수 없다(시 130:3). 사람이 죄를 지은 것에 대해서 어떤 방법으로도 하나님의 심판을 피할 수 없기 때문에, 죄를 사람이 갚을 수 없는 빚이라고 말하는 것이다. 따라서 사람들의 빚에 대해서 채권자이신 하나님이 탕감해 주시는 방법 외에는 없다(미 7:18). 그것은 그리스도의 구속 사역에 근거해서 죄를 용서해 주시는 것이다. 죄를 용서해 주시는 것은 죄책과 심판으로부터 방면해 주시는 것이다(롬 3:26). 하나님이 죄를 용서해 주시는 범위는 우리의 모든 죄다(시 103:3). 따라서 신자는 매일 자신의 죄의 용서에 대해서 기도해야 한다.

3. 다섯 번째 간구에서 다른 사람의 죄를 용서하기 위해 무엇을 간구합니까?

신자는 이미 하나님으로부터 용서의 은혜를 경험했다. 신자는 하나님을 따라서 다른 사람의 죄를 용서할 것을 요구받는다. 더욱이 서로 용서해야 하는 이유는 이것이 하나님 나라의 법이기 때문이다(마 5:44, 6:14). 신자들 사이에는 이 법이 더욱 의무적이다. 그리스도 안에 연합되어 있으며, 교회의 회원 간에는 차이가 없기 때문이다(고전 12:25, 27). 다른 사람들이 우리에게 상해를 입혔음에도 불구하고 용서해야 한다(마 18:15). 물론 이 용서는 형식적인 것이 아니라 마음에서 나오는 것이어야 한다. 이렇게 다른 사람을 용서하는 것은 우리의 자연적 성품에서 되는 것이 아니기에, 이러한 용서가 가능하도록 은혜를 구해야 하는 것이다. 요셉처럼 자신의 형들을 용서하기 위해서는 하나님의 은혜가 필요하다(창 50:17, 21).

질문 106. 여섯 번째 간구에서 우리는 무엇을 위해 기도해야 합니까?

답 | 여섯 번째 간구는 "우리를 시험에 들게 하지 마시옵고 다만 악에서 구하시옵소서"인데, 우리는 죄의 유혹을 받는 것으로부터 하나님이 우리를 지켜 주시고 혹은 우리가 시험받을 때 우리를 건져 달라고 기도하는 것입니다.

1. 여섯 번째 간구의 앞부분은 무엇입니까?

여섯 번째 간구는 "우리를 시험에 들게 하지 마시옵고 다만 악에서 구하시옵소서"이다. 이 간구는 두 부분으로 나눌 수 있는데, 앞부분의 간구는 유혹으로부터 건져 달라는 기도다. 여섯 번째 간구는 다섯 번째 간구와 연결되어 있는데, 우리는 매일 계속해서 죄를 짓듯이 죄의 유혹을 받는다. 그래서 죄의 유혹으로부터 건짐을 받기 위해 기도해야 한다(마 26:41). 죄의 유혹은 세상과 마귀와 우리의 부패성으로부터 받는다. 특별히 유혹의 힘이 강하기 때문에 우리 자신의 힘으로 이길 수 있는 것이 아니다. 따라서 유혹을 저항할 수 있는 힘을 달라고 기도해야 한다(약 4:7).

2. 여섯 번째 간구의 뒷부분은 무엇입니까?

여섯 번째 간구의 뒷부분은 "다만 악에서 구하시옵소서"이다. 사탄은 우리로 죄를 짓도록 유혹하는 자다. 사탄은 우리의 죄 된 본성을 다시 일으켜서 죄를 짓게 만든다. 우리를 악한 본성 가운데 있게 만드는 것이다. 우리의 악한 본성은 우리 자신을 의지하는 교만과 하나님을 배제하는 불신앙과 세상과 육신의 즐거움을 추구하는 것들이다(갈 5:19-21). 유혹을 받아 이러한 악에 빠지게 되면 마귀는 빠져나오지 못하도록 모든 조치를 강구한다. 따라서 신자는 악에 빠지지 않도록 경계해야 하며 깨어 있어야 한다. 이러한 경건의 의무는 결코 쉬운 것이 아니기 때문에 오직 그리스도를 의지하고 은혜를 구해야 한다.

질문 107. 주기도문의 결론은 우리에게 무엇을 가르칩니까?

답 | 주기도문의 결론은 "나라와 권세와 영광이 아버지께 영원히 있사옵나이다 아멘"인데 기도 가운데 오직 하나님으로부터 용기를 얻는 것과 우리의 기도 가운데 하나님을 찬양하고, 나라와 권세와 영광을 하나님께 돌리는 것을 배우고, 우리가 원하는 것에 대해서 그리고 들은 것에 대해 확신하는 것을 아멘 하는 것입니다.

1. 주기도문의 결론이 우리에게 가르쳐 주는 첫 번째는 무엇입니까?

주기도문의 결론은 "나라와 권세와 영광이 아버지께 영원히 있사옵나이다 아멘"이다. 주기도문의 결론이 첫 번째로 가르쳐 주는 것은 우리의 기도를 들으시고 응답하시는 이는 오직 하나님뿐이시라는 것이다. 우리에게 어떤 가치가 있어서 응답하시는 것이 아니며, 오직 하나님의 은혜라는 것이다(단 9:19). 따라서 주기도문의 결론은 우리의 믿음을 일깨우고 소망을 불러일으킨다. 그리고 모든 선한 것의 약속들이 하나님의 때에 하나님의 방법으로 성취된다는 것을 알게 한다(단 9:18).

2. 주기도문의 결론이 우리에게 가르쳐 주는 두 번째는 무엇입니까?

주기도문의 결론은 우리의 기도 가운데 하나님을 반드시 찬양하고 하나님을 영화롭게 해야 하는 것을 가르쳐 준다(시 50:23). 하나님을 찬양하는 방법은 "나라와 권세와 영광이 아버지께 영원히 있사옵나이다"라고 하는 것이다. 이는 오직 하나님께만 있는 영원한 주권과 전능하시고 탁월하신 영광을 찬양하는 것이다(대상 29:10-14). 하나님의 통치가 하나님의 능력에 의해서 이루어지는 것을 찬양하는 것이다(시 66:3, 7). 이는 기도하는 우리로 약속하신 것이 이루어지는 것에 문제가 없음을 확신하게 한다(요일 5:14-15). 또한 하나님의 영광의 탁월하심을 찬양함으로 주의 영광스러운 약속들이 성취될 것을 확신하는 것이다(시 45:17).

3. 주기도문의 마지막에 "아멘" 하는 것은 무슨 이유가 있습니까?

우리의 소원하는 바를 나타내는 것이며, 주께서 들으시는 것을 확신하는 것이다. 우리의 소원하는 바를 증거할 때 우리는 "그렇게 되기를 원합니다"라고 하는데, "아멘"이 바로 그것을 나타내는 말이다. 한편으로, 주께서 우리의 기도를 들으신다고 확신할 때 "그렇게 될 것입니다"라는 표현을 할 수 있는데, "아멘"이 그것을 나타내는 말이다. 우리의 기도를 확신 가운데 마무리할 때 겸손해야 한다. 모든 것이 하나님의 때에 하나님의 방법으로 이루어지기 때문이다(전 3:1; 사 55:8-9).

사명선언문

너희가 흠이 없고 순전하여······세상에서 그들 가운데 빛들로
나타내며 생명의 말씀을 밝혀 _ 빌 2:15-16

1. 생명을 담겠습니다
만드는 책에 주님 주신 생명을 담겠습니다.
그 책으로 복음을 선포하겠습니다.

2. 말씀을 밝히겠습니다
생명의 근본은 말씀입니다.
말씀을 밝혀 성도와 교회의 성장을 돕겠습니다.

3. 빛이 되겠습니다
시대와 영혼의 어두움을 밝혀 주님 앞으로 이끄는
빛이 되는 책을 만들겠습니다.

4. 순전히 행하겠습니다
책을 만들고 전하는 일과 경영하는 일에 부끄러움이 없는
정직함으로 행하겠습니다.

5. 끝까지 전파하겠습니다
모든 사람에게, 땅 끝까지, 주님 오시는 그날까지
복음을 전하는 사명을 다하겠습니다.

서점 안내

광화문점	서울시 종로구 새문안로 69 구세군회관 1층	
	02)737-2288 / 02)737-4623(F)	
강남점	서울시 서초구 신반포로 177 반포쇼핑타운 3동 2층	
	02)595-1211 / 02)595-3549(F)	
구로점	서울시 동작구 시흥대로 602, 3층 302호	
	02)858-8744 / 02)838-0653(F)	
노원점	서울시 노원구 동일로 1366 삼봉빌딩 지하 1층	
	02)938-7979 / 02)3391-6169(F)	
일산점	경기도 고양시 일산서구 중앙로 1391 레이크타운 지하 1층	
	031)916-8787 / 031)916-8788(F)	
의정부점	경기도 의정부시 청사로47번길 12 성산타워 3층	
	031)845-0600 / 031)852-6930(F)	
인터넷서점	www.lifebook.co.kr